DANIEL SHUMSKI

DAS
WAFFELEISEN
KOCHBUCH

DANIEL SHUMSKI

DAS WAFFELEISEN KOCHBUCH

UNWIDERSTEHLICHE UND AUSSERGEWÖHNLICHE REZEPTE

DAS BUCH
ZUM BLOG
WILL IT
WAFFLE?

Bibliografische Information der Deutschen Nationalbibliothek
Die Deutsche Nationalbibliothek verzeichnet diese Publikation in der Deutschen Nationalbibliografie.
Detaillierte bibliografische Daten sind im Internet über http://d-nb.de abrufbar.

Für Fragen und Anregungen
info@rivaverlag.de

Wichtiger Hinweis
Ausschließlich zum Zweck der besseren Lesbarkeit wurde auf eine genderspezifische Schreibweise sowie eine Mehrfachbezeichnung verzichtet. Alle personenbezogenen Bezeichnungen sind somit geschlechtsneutral zu verstehen.

3. Auflage 2022

© 2018 by riva Verlag, ein Imprint der Münchner Verlagsgruppe GmbH
Türkenstraße 89
80799 München
Tel.: 089 651285-0
Fax: 089 652096

First published in the United States as: *Will It Waffle? 53 Irresistible and Unexpected Recipes to Make in a Waffle Iron*. Copyright: © Daniel Shumski. Published by arrangement with Workman Publishing Company, Inc., New York.

Übersetzung: Simone Fischer
Redaktion: Dr. Kirsten Reimers
Umschlaggestaltung: Isabella Dorsch
Umschlagabbildungen, Vorderseite: Maes Studio, Inc.; Rückseite unten links: Lucy Schaeffner, alle weiteren Bilder Maes Studio, Inc.
Abbildungen im Innenteil: S. 69, S. 115: Lucy Schaeffer; S. 9, 10, 12, 13: CSA Images/B&W Engrace Ink Collection/Getty Images; alle anderen Bilder: Meas Studio, Inc.
Food Stylist: Cindy Melin, Chris Lanier
Prop Stylist: Lorrie Jamiolkowski, Sara Abalan
Innenlayout: Nadine Krumm in Anlehnung an das Originallayout von Jean-Marc Troadec
Satz: inpunkt[w]o, Haiger (www.inpunktwo.de)
Druck: Firmengruppe APPL, aprinta Druck, Wemding
Printed in Germany

ISBN Print 978-3-7423-0372-1
ISBN E-Book (PDF) 978-3-95971-886-8
ISBN E-Book (EPUB, Mobi) 978-3-95971-887-5

Weitere Informationen zum Verlag finden Sie unter

www.rivaverlag.de

Beachten Sie auch unsere weiteren Verlage unter www.m-vg.de

Für meine Mutter, der ich mein erstes Waffeleisen
und alles andere zu verdanken habe.

Inhalt

Einleitung

Kennen Sie das, dass Sie ins Bett gehen und noch gedanklich mit etwas beschäftigt sind und hoffen, es hilft, darüber zu schlafen, um am nächsten Morgen die Lösung zu finden?

Für mich waren dieses Etwas Waffeln.

Na ja, eigentlich war es alles außer Waffeln. Mir war durchaus klar, dass mein Waffeleisen normalen Waffelteig backen kann, aber in meinem Kopf schwirrten andere Dinge herum, wie Arme Ritter aus dem Waffeleisen, Kekse mit Waffelmuster, Burger ... Es waren noch nicht wirklich viele Ideen, aber sie gingen mir einfach nicht mehr aus dem Kopf.

Ich war wie besessen. Was könnte man alles in einem Waffeleisen zubereiten?

Die Frage ließ mich nicht mehr los, also musste ich etwas tun. Ich folgte der stolzen Tradition – ja, okay, nur der Tradition – von Menschen mit zu viel Zeit und ging mit meiner Besessenheit online. Schnell war mein Blog »Waffleizer« geboren. Als ich erst einmal die Frage gestellt hatte: »Geht das auch im Waffeleisen?«, wollten meine Leser auch Antworten darauf haben. Und ganz plötzlich konnte man mit dem einfachen Waffeleisen viel mehr zaubern, als man je gedacht hätte. Früher einmal war das Waffeleisen dazu bestimmt, Waffeln zu backen. Jetzt war es dazu da, um Frühstück, Mittagessen, Abendessen und ganz viele andere Dinge zuzubereiten.

Längst vergessene Waffeleisen wurden aus staubigen Schränken gekramt. Bisher vernachlässigte Waffelautomaten bekamen einen Dauerplatz auf der Arbeitsplatte. Das Waffeleisen mauserte sich zu einem Multitasking-Gerät für Gerichte aller Art. Und ich erhielt sehr viele Rückmeldungen dazu. Die Leute schrieben mir, dass sie sich wieder in ihr Waffeleisen verliebt hätten. (Warum nur hatten sie sich jemals entliebt?) Sie berichteten, dass sie ernsthaft darüber nachdachten, sich ein Waffeleisen zu kaufen. Und sie schickten mir sehr viele Rezeptideen.

Die Form einer Waffel und die Fähigkeit eines Waffeleisens, alles nur Erdenkliche in diese Form zu verwandeln, hat schon etwas Abenteuerliches. Mir ist im Laufe der Zeit klar geworden, dass ich bei Weitem nicht der Einzige bin, der dieses Abenteuer unwiderstehlich findet.

Der Waffeltrend breitet sich immer mehr aus. Als ich meinen Blog brachliegen ließ, um an diesem Buch zu arbeiten, fürchtete ich, dass er wieder abebben würde. Aber das tat er nicht. Im Gegenteil, der Waffeltrend schlug immer höhere Wellen.

Ein bisschen wird es aber noch dauern, bis das Waffeleisen ganz die Schmuddelecke der langweiligen Haushaltsgeräte hinter sich gelassen und seinen schlechten Ruf verbessert hat. Sie haben keinen Platz auf der Arbeitsplatte? Ist mir klar. Aber nur, weil Sie Ihr Waffeleisen nicht wirklich nutzen, denn für Dinge, die Sie nicht brauchen, ist einfach kein Platz auf der Arbeitsfläche.

Sie können sich kein gutes Waffeleisen leisten? Das ist ein Argument. Aber überlegen Sie mal, ob Sie jemanden kennen, der ein Waffeleisen hat und es nie nutzt. Überreden Sie ihn schnell, Ihnen seins zu geben, bevor er dieses Buch in die Hände bekommt.

Das große Abenteuer des Waffelbackens liegt vor uns. Darum fasse ich mich in dieser Einleitung kurz und möchte nur noch dies erwähnen:

Die folgenden Seiten sind meine Antwort auf die Frage: »Geht das auch im Waffeleisen?« Meine Antworten sind aber nur der Anfang von etwas viel Größerem. Wenn Sie dieses Buch gelesen haben, haben Sie alles an der Hand, um weiter zu experimentieren und eigene, völlig neue Rezepte zu kreieren.

Vertrauen Sie auf Ihre kulinarischen Sinne und begleiten Sie mich auf eine Reise in die abenteuerliche Welt des Waffeleisens und der wunderbaren Waffelgerichte.

Kapitel 1

Werkzeuge, Techniken und Zubereitungs-hinweise

Wie jedes neue Vorhaben erfordert auch das Waffelbacken ein bisschen Übung. Aber keine Angst, die ganzen Fehler, die man machen kann, habe ich schon gemacht, sodass Sie sich diese sparen können. Außerdem gibt es einige Kniffe, hilfreiche Werkzeuge und Techniken, mit denen Sie ganz bestimmt erfolgreiche Waffelbäcker werden. Bevor Sie loslegen, nehmen Sie sich ein bisschen Zeit, um sich durchzulesen, welche Erfahrungen ich gemacht habe, welche Vorteile bestimmte Waffeleisen haben und um ein paar nützliche Utensilien kennenzulernen, die Ihnen bei der Waffelzubereitung sehr behilflich sein werden.

Waffeleisen

Natürlich ist das wichtigste (und selbstverständlich das zwingend notwendige) Gerät für die Zubereitung der Rezepte in diesem Buch ein Waffeleisen.

Lassen Sie uns eines erst einmal klarstellen: Es gibt Waffeleisen und die guten alten Waffeleisen. Bei mir zu Hause nennt man diese auch »Waffel-*Macher*«. Damit bezeichnet man die schweren, alten, gusseisernen Waffeleisen, mit denen die Waffeln über offener Flamme oder in Holzöfen gebacken wurden. Das sind die wahren Waffel-*Eisen*, von denen auch die heutigen Geräte ihren Namen haben. Den amerikanischen Begriff des »Waffel-*Machers*« mag ich nicht, ich verwende immer den Begriff »Waffel-*Eisen*«, und das aus einem ganz einfachen Grund: Ich bin der Waffelmacher, und das Gerät ist das Waffeleisen.

Die heute gängigsten Waffeleisen sind das Belgische Waffeleisen, oft auch als Brüsseler Waffeleisen bezeichnet, und das Standardwaffeleisen, das in Europa meistens ein Herzwaffeleisen ist. Ich besitze sechs Waffeleisen. Das gebe ich nicht gerne zu, schon gar nicht vor Leuten, die ich nicht kenne, aber da Sie dieses Buch in Händen halten, kann ich es Ihnen ja verraten. Sie brauchen aber nur ein Waffeleisen, das ist völlig ausreichend.

BELGISCHES WAFFELEISEN: Belgische Waffeleisen haben größere und weniger Waben als die Standardwaffeleisen. Die darin gebackenen Waffeln haben daher nicht das uns bekannte Waffelmuster mit den vielen kleinen Waben, sondern sind etwas dicker mit einem tiefen, deutlichen Muster.

STANDARDWAFFELEISEN: Ein Standardwaffeleisen hat viele kleine Waben, die weniger ausgeprägt sind als beim Belgischen Waffeleisen. In Deutschland sind Herzwaffeleisen am häufigsten, mit denen eine Waffel bestehend aus fünf Herzchen gebacken wird.

SONDERFORMEN: Es gibt mittlerweile eine ganze Menge außergewöhnlicher Waffeleisen, angefangen bei Motivwaffeleisen für Waffeln in Form von Tieren oder berühmten Zeichentrickfiguren über Zimtwaffeleisen mit sehr flachen, oft verschlungenen Mustern bis hin zu Waffeleisen für kleine Waffeln am Stiel. Mit fast allen dieser Waffeleisen können Sie die Rezepte aus diesem Buch zubereiten, wobei es manchmal aber etwas Kreativität erfordern dürfte, die Zutaten in die oft sehr kleinen Formen zu bekommen.

Es liegt an Ihnen, ob Sie ein Belgisches Waffeleisen oder ein Standardwaffeleisen verwenden. Die Rezepte aus diesem Buch wurden alle in beiden Formen getestet, die Ergebnisse sind manchmal etwas unterschiedlich, funktionieren aber in beiden Geräteformen. Bei manchen Rezepten finden Sie Hinweise für die Zubereitung in den verschiedenen Geräten. Ob Sie nun ein Waffeleisen für runde, quadratische oder Herzwaffeln haben, ist egal, Ihre Waffeln werden dann einfach ein bisschen anders aussehen als auf den Fotos in diesem Buch, aber die Rezepte sind passend für alle Formen.

Manche Waffeleisen haben Temperaturregler, andere nur eine Temperaturkontrollleuchte. Ich habe bei den Rezepten in diesem Buch immer die ideale Temperatur für Waffeleisen mit Regler angegeben, sie funktionieren aber auch mit den gängigen Modellen mit Kontrollleuchte, bei denen Sie dann ein wenig üben müssen, um herauszufinden, wann der ideale Gargrad erreicht ist.

Nützliche Utensilien

Zum Waffelbacken brauchen Sie kaum mehr als ein Waffeleisen. Einige nützliche Utensilien sind aber bei der Waffelzubereitung sehr hilfreich:

SILIKONSPATEL: Silikon ist hitzebeständig und kann problemlos im heißen Waffeleisen verwendet werden, ohne die Antihaftbeschichtung anzugreifen. Verwenden Sie darum am besten einen Silikonspatel, um die heißen Zutaten zu verrühren oder die Waffeln zu wenden. Wenn Sie zwei Silikonspatel haben, können Sie diese wie eine Zange benutzen, um Gerichte aus dem Waffeleisen zu nehmen – noch idealer ist es, wenn Sie sich auch eine Silikonzange zulegen.

WINKELPALETTE: Ich empfehle in manchen Rezepten die Verwendung einer Winkelpalette, weil sie einfach praktisch und lang genug ist, um manche Gerichte vom Waffeleisen zu lösen oder zu wenden. Da Winkelpaletten aber in der Regel aus Edelstahl bestehen, sollten Sie sie vorsichtig einsetzen, um die Beschichtung des Waffeleisens nicht zu beschädigen.

SILIKONPINSEL: Wenn Sie einen normalen Backpinsel verwenden, können sich Pinselhaare lösen und ins Essen gelangen. Das passiert bei Silikonpinseln nicht. Verwenden Sie solche Pinsel, um Speisen oder das Waffeleisen mit Butter oder Öl einzufetten.

GROSSE MOMENTE DER WAFFEL

ANTIKES GRIECHENLAND	MITTELALTERLICHES EUROPA	FRANKREICH IM 16. JAHRHUNDERT

DIE MUTTER ALLER WAFFELN

Im antiken Griechenland stellten Bäcker herzhaftes dünnes Gebäck namens Obelios zwischen zwei heißen Platten her. Dies ist der älteste bekannte Vorgänger der modernen Waffel.

EIN JESUS AUF MEINER WAFFEL!

Mittelalterliche Waffeln wurden mit religiösen Ikonografien geprägt und in der heiligen Kommunion verwendet. Bis die ersten Händler Waffeln verkauften, schmeckten Waffeln ganz bewusst nach nichts.

DAS SCHRECKLICHE WAFFELTHEATER

Im Frankreich des 16. Jahrhunderts soll es eine so große Anzahl an Waffelhändlern gegeben haben, die besonders an religiösen Feiertagen aneinandergerieten, dass König Karl IX. ein Gesetz erließ, das einen Sicherheitsabstand zwischen zwei Waffelständen vorschrieb.

KUCHENGITTER: Heiße Gerichte sollten Sie auf einem Kuchengitter auskühlen lassen, damit auch Luft an die Unterseite gelangen kann.

SCHWAMMTUCH: Es ist ganz normal, dass verbrannte Stückchen am Waffeleisen haften bleiben. Mit einem dicken Schwammtuch können Sie das Gerät bis in die kleinsten Ecken reinigen.

DIGITALES HAUSHALTSTHERMOMETER: Sehr praktisch beim Waffelbacken und auch bei der Zubereitung von Fleisch, Marmelade, Konfekt und anderen Gerichten sind digitale Haushaltsthermometer. Wenn Sie ohne eines arbeiten, ist viel Erfahrung oder Anschneiden der Speisen notwendig, um zu prüfen, ob sie den gewünschten Gargrad erreicht haben.

PFLEGE UND HANDHABUNG IHRES WAFFELEISENS: Waffeleisen sind kinderleicht zu bedienen, solange Sie damit ganz normale Waffeln zubereiten. Wenn Sie das Gerät für kompliziertere Speisen nutzen möchten, sollten Sie einige Hinweise beachten. Deshalb gebe ich hier ein paar Tipps, die Sie lesen sollten, bevor Sie mit den Rezepten loslegen.

1620	1789	1820ER JAHRE

TRUTHAHN, SOSSE, KÜRBISKUCHEN, WAFFELN

Nach einem Zwischenstopp in den Niederlanden brachten die Pilger die ersten Waffeln um 1620 in die Neue Welt.

DER GROSSE WAFFELSPASS

Als Thomas Jefferson 1789 aus Frankreich nach Amerika zurückkehrte, brachte er neben anderen Schätzen ein Waffeleisen mit. Das soll zu einer kurzen Wiederbelebung einer vorkolonialen Tradition unter holländischen Siedlern geführt haben: gesellschaftliche Zusammenkünfte, bei denen Waffeln gegessen wurden, genannt »waffle frolic« (»Waffelspaß«).

ENDLICH WAFFELN MIT EIS

Bereits in den 1820er Jahren wurden Waffeln verwendet, um süße Leckereien darin anzurichten. Doch erst 1903 reichte Italo Marchiony das Patent für die Eiswaffel ein.

So halten Sie Ihr Waffeleisen sauber

Beim Waffelbacken kann man ohne Zweifel eine ziemliche Schweinerei veranstalten – wie bei jeder großen Kunst. Der Trick ist, vorbereitet zu sein und vor dem Backen ein paar Dinge zu beachten, die das Saubermachen nachher erleichtern. Machen Sie sich keine Sorgen, wenn Sie trotz aller Vorbereitungen dennoch ein verkleckertes Waffeleisen haben sollten. Das Gerät lässt sich sehr einfach reinigen und ist schnell wieder einsatzbereit. Vor dem Waffelbacken sollten Sie die folgenden Dinge verinnerlichen:

1. Verwenden Sie Backtrennspray oder Öl zum Einfetten, wie im Rezept angegeben, damit die Speisen sich leicht vom Waffeleisen lösen lassen.

2. Breiten Sie unter dem Waffeleisen eine Zeitung aus. So bekommen Sie alles ganz schnell sauber, wenn etwas verschüttet wird oder überquillt, indem Sie einfach die Zeitung entsorgen.

Manche Waffeleisen haben abnehmbare Waffelplatten, bei denen die Reinigung natürlich sehr einfach ist. Die meisten Geräte haben

1869

WAFFELBACKEN LEICHT GEMACHT!

Am 24. August 1869 meldete der Amerikaner Cornelius Swarthout das Waffeleisen, das zum Erhitzen auf einen Holzofen aufgesetzt wurde, zum Patent an. Die Amerikaner feiern daher heute noch am 24. August ihren National Waffle Day.

EIN FEIERTAG AUFGRUND EINES WORTSPIELS

Der Internationale Waffeltag wird am 25. März gefeiert. Er entstand wahrscheinlich aufgrund eines schwedischen Wortwitzes, da in Schweden am 25. März ein Feiertag namens Vårfrudagen (Mariä Verkündigung) begangen wird, was so ähnlich klingt wie das schwedische Wort Våffeldagen, also Waffeltag.

1938

FRÜHSTÜCK UND ABENDESSEN IN EINEM

Die Kombination von Hühnchen und Waffeln geht auf das 17. Jahrhundert zurück und wurde 1938 durch den Wells Supper Club in Harlem bekannt, wo Jazzgrößen wie Nat King Cole und Sammy Davis Jr. dies nachts nach ihren Auftritten bestellten.

dies jedoch nicht. Für sie ist die beste Methode, sie sauber zu bekommen auch gleich die leckerste: Backen Sie einfach ganz normale Waffeln. Die erste Waffel können Sie wahrscheinlich wegwerfen, weil Reste des letzten Backens sich mit dem Teig vermischen. Aber Sie werden mit dem Herausnehmen dieser Waffel gleichzeitig alle Rückstände des zuletzt zubereiteten Gerichts entfernen, die noch auf der Platte und in den Rillen verblieben sind. Problem gelöst. (Falls die besagten Reste allerdings Speck, Würstchen oder etwas ähnlich Leckeres sein sollten, könnten Sie sich natürlich auch dieser Restewaffel erbarmen.)

Wenn Sie keine neuen Waffeln backen möchten, können Sie das Waffeleisen auch so reinigen:

1. Rühren Sie einen einfachen Teig aus gleichen Teilen Mehl und Wasser an und backen Sie diesen 4–6 Minuten im Waffeleisen aus, bis er gut genug zusammenhält, um in einem Stück herausgeholt werden zu können. In diesem Teig bleiben dann die Reste kleben und werden so entfernt.

2. Überschüssiges Fett im Waffeleisen können Sie mit ein paar Scheiben Toastbrot entfernen. Legen Sie den Toast in das Waffeleisen und schließen dieses. Der Toast saugt das Fett meistens komplett auf. Wischen Sie danach die Waffelplatte mit einem Stück Küchenpapier ab, das Sie vorher mit einer leichten Essiglösung (250 ml Wasser mit 1 EL Essig vermischt) getränkt haben.

1953	1955	1964
WAFFELN AUS DER KÄLTE	**WAFFELN UM MITTERNACHT**	**DIE ERFINDUNG DER BELGIER**
1953 gab es in Amerika die ersten Tiefkühlwaffeln, seinerzeit »Froffles« (kurz für »frozen waffles« – »gefrorene Waffeln«) genannt. Sie wurden in den USA später in »Eggos« umbenannt, weil sie sehr nach Eiern (»eggs«) schmeckten.	In Atlanta, USA, eröffnete am 5. September 1955 das erste Restaurant der Kette Waffle House. Die Läden dieser Kette sind das ganze Jahr über 24 Stunden täglich geöffnet.	Bei der Weltausstellung in New York 1964 stellte der Brüsseler Gastronom Maurice Vermersch erstmals in den USA die belgische Waffel vor. Das Rezept für die dicken, weichen Waffeln hatte seine Frau während des Zweiten Weltkriegs erfunden.

Wenn sich immer noch trockene Speisereste im Waffeleisen befinden, reinigen Sie das Gerät, indem Sie diese Schritte befolgen:

1. Breiten Sie eine Zeitung aus und stellen Sie das ausgeschaltete und erkaltete Waffeleisen darauf. Jetzt müssen Sie es nur noch ausbürsten.

2. Die Ecken und Ritzen bekommen Sie sauber, indem Sie diese mit einem Zahnstocher oder hölzernen Essstäbchen freikratzen.

3. Verwenden Sie eine weiche Zahnbürste, um verbrannte Reste aus dem kalten Waffeleisen zu bürsten. (Natürlich sollten Sie dazu eine Zahnbürste nehmen, die Sie ausschließlich zum Reinigen verwenden – oder die Zahnbürste von jemandem, den Sie nicht mögen.) Noch sauberer wird es, wenn Sie eine Reinigungspaste aus 4 Teilen Natron und 1 Teil Wasser herstellen und diese mit der Zahnbürste auf der Waffelplatte verreiben.

4. Legen Sie ein sauberes, nasses Geschirrtuch in das auf niedrigster Stufe eingestellte Waffeleisen. Der Dampf löst die Teile ab, die noch an der Platte haften.

5. Gießen Sie etwas Mineralwasser mit Kohlensäure auf das ausgeschaltete Waffeleisen und wischen Sie dies mit einem Stück Küchenpapier oder einem Geschirrtuch ab.

1960ER JAHRE	1972	1979
POLITISCHE WAFFELN	**UNGENIESSBARE WAFFELN**	**EIN WAFFELSCHWINDEL**
In den 1960er Jahren formte sich in Kanada eine sozialistische Gruppierung namens »The Waffle Movement«. (Die bezog sich aber wohl eher nicht auf die Waffel, sondern auf das Verb »to waffle«, auf Deutsch »schwafeln«.)	Der Sportschuhhersteller Blue Ribbon Sports verkaufte ab 1972 die sogenannten Moon Shoes, deren Profilsohlen von ihrem Erfinder Bill Bowerman hergestellt wurden, indem er Flüssiggummi im Waffeleisen seiner Frau ausbackte. Blue Ribbon änderte später seinen Namen in Nike.	Der Erfinder Edgar Matsler ließ sich im Oktober 1979 eine Schneidemaschine für Kartoffeln patentieren, mit der man Pommes frites in Waffeloptik schneiden konnte. Leider ist die einzige Ähnlichkeit dieser Kartoffelspeise mit einer Waffel ihr Aussehen.

SICHERHEIT UND AUFBEWAHRUNG

Lesen Sie die Bedienungsanleitung und die Sicherheitshinweise für Ihr Waffeleisen durch und denken Sie immer daran, dass die Metalloberflächen des Geräts sehr heiß werden. Beachten Sie bei jedem Umgang mit dem Gerät, dass es sehr heiß sein kann.

Verstauen Sie das Waffeleisen nicht, bevor es vollständig ausgekühlt ist.

Zubereitungs-hinweise

D ie meisten Rezepte in diesem Buch funktionieren mit jeder Art von elektrischem Waffeleisen, sei es nun ein Belgisches oder ein Standardwaffeleisen für eckige, runde oder herzförmige Waffeln. Bei jedem Rezept ist angegeben, welches Gerät sich am besten geeignet.

2010

UNERLAUBTER WAFFELEINSATZ

Fans der kanadischen Eishockeymannschaft Toronto Maple Leafs machten 2010 ihrer Enttäuschung über ein schlechtes Spiel Luft, indem sie die Spieler mit Waffeln bewarfen.

2012

SCHWER ALKOHOLISIERT

Am 24. August 2012, dem 143. Jubiläum von Cornelius Swarthouts Erfindung, stellte der New Yorker Alkoholproduzent Georgi erstmals einen Wodka mit Waffelgeschmack vor. Wie der wohl mit Ahornsirup schmeckt?

2013

DIE ALLERGRÖSSTE RIESENWAFFEL

Am 29. Juni 2013 ging das niederländische Team Stichting Gouda Oogst mit der weltgrößten Waffel ins Guinness-Buch der Rekorde ein. Die Waffel wog 50 Kilo und hatte einen Durchmesser von 2,47 Metern.

Wichtiger Hinweis: Wie bereits im Abschnitt »Waffeleisen« erwähnt, sind nicht alle Geräte mit einem Temperaturregler ausgestattet. In den Rezepten sind immer die idealen Temperaturen angegeben, aber selbst bei Waffeleisen mit Regler können die Temperaturen variieren. Wenn Ihr Gerät keinen Temperaturregler hat, funktionieren die Rezepte natürlich trotzdem.

Auf jeden Fall sollten Sie die Backleistung Ihres Geräts bei den ersten Backvorgängen genau beobachten, um herauszufinden, wie es arbeitet.

Ob Ihr Waffeleisen nun einen Temperaturregler hat oder nicht, eine Frage müssen Sie sich stellen, bevor Sie loslegen: Woher wissen Sie, wann das Waffeleisen heiß genug ist, um zu backen? Bei manchen Waffeleisen geht ein Licht an, wenn es vorgeheizt ist, bei anderen geht ein Licht aus. Manche Geräte piepen bei Erreichen der richtigen Temperatur, andere nicht. Lesen Sie dies am besten in der Bedienungsanleitung nach. Wenn Sie keine Bedienungsanleitung mehr haben oder sie verdreckt und nicht mehr lesbar ist, heizen Sie Ihr Waffeleisen immer 10 Minuten vor.

Es ist an dieser Stelle fast überflüssig zu erwähnen, dass es immer von der Temperatur des Waffeleisens abhängt, wie lange ein Gericht darauf garen muss. Achten Sie daher auf die Zeitangaben in den Rezepten, aber befolgen Sie diese nicht blind. Sie basieren auf diversen Versuchen mit verschiedenen Waffeleisen, aber eben nicht mit *Ihrem* Waffeleisen. Achten Sie vielmehr auf das gewünschte Ergebnis (und manchmal auch auf die Temperatur). Wenn es im Rezept heißt, dass das Gericht fertig ist, wenn es goldbraun gebacken oder der Käse geschmolzen ist, ist es das, worauf Ihr Augenmerk liegen sollte – egal ob die Zeitschaltuhr schon geklingelt hat oder nicht.

Denken Sie auch daran, dass ein Backvorgang nicht mehr rückgängig gemacht werden kann. Wenn das Essen verbrannt ist, ist es verbrannt. Seien Sie daher besonders am Anfang lieber vorsichtig und überprüfen Sie das Gericht frühzeitig. Je öfter Sie mit dem Waffeleisen arbeiten, desto besser verstehen Sie, wie es funktioniert und wie lange es für bestimmte Gerichte braucht. Wahrscheinlich werden Ihnen immer mal wieder Fehler passieren, aber die meisten dieser Fehler werden richtig gute Fehler sein, weil man sie einfach wegnaschen kann.

Kapitel 2
Frühstück und Brunch

Arme Ritter mit Schokoladenfüllung

und aufgeschlagener Butter

Belgisches Waffeleisen oder Standardwaffeleisen │ 20 Minuten │ Für 2 Portionen

Die köstliche Schokoladenfüllung und die aufgeschlagene Butter als Topping machen diese Armen
Ritter zu einer ganz besonderen Köstlichkeit.

Arme Ritter aus dem Waffeleisen kamen sehr gut an, als ich sie zum ersten Mal gemacht habe. Wenn man sie ganz einfach zubereitet, nimmt man die gleichen Zutaten wie bei normalen Armen Rittern und backt sie einfach im Waffeleisen. Und das schmeckt super.

Als einfallsreicher Tüftler stellte ich mir jedoch die Frage, wie man sie noch leckerer machen könnte. Schokolade hinzuzufügen geht immer, aber außen auf dem Brot würde sie sicher verbrennen. Wenn man aber die Schokolade zwischen zwei Brotscheiben gibt, schützt das Brot die Schokolade vor direkter Hitze, und sie kann wunderbar schmelzen, ohne zu verbrennen.

Es gibt jedoch einen Haken: Beim Waffelbacken wird alles stark zusammengepresst. Man gibt die Zutaten in das Waffeleisen, schließt den Deckel und beobachtet, wie der Deckel immer weiter und weiter nach unten geht. Das Ergebnis ist zwar ein Waffelgericht – aber die Schokoladenschicht ist leider sehr dünn. Die Lösung ist ganz einfach: Nehmen Sie mehr Schokolade. Wenn Sie ein paar zusätzliche Schokoraspel auf die fertigen Armen Ritter geben, lässt die Restwärme diese ganz schnell schmelzen.

Diese Armen Ritter sind herrlich schlonzig, aromatisch und unglaublich köstlich.

1   Das Waffeleisen auf hohe Temperatur vorheizen. Den Backofen auf niedrigster Stufe vorheizen.

2   Die Eier in einer tiefen Schüssel mit der Milch, Vanille und Salz verquirlen.

3   2 Scheiben Brot für ca. 30 Sekunden in die Eiermischung tunken, bis sie einen Teil davon aufgesogen haben. Die Scheiben umdrehen und für weitere 30 Sekunden eintunken.

4   Beide Backflächen des Waffeleisens mit Backtrennspray einsprühen. Eine Scheibe getränktes Brot in das Waffeleisen legen und knapp die Hälfte der Schokolade daraufgeben. Darauf die zweite Scheibe getränktes Brot legen, das Waffeleisen schließen und so lange backen, bis das Brot goldbraun und die Schokolade geschmolzen ist, ca. 3–4 Minuten. Es ist verzehrfertig, wenn die Eiermischung vollständig gestockt ist.

5   Den Armen Ritter aus dem Waffeleisen nehmen und Schritte 3 und 4 mit der zweiten Ladung wiederholen. Die fertigen Armen Ritter im Ofen warm halten.

6   Die Armen Ritter in Viertel schneiden. Die »Tasche« öffnen und die restliche Schokolade daraufgeben. Die Restwärme lässt diese schmelzen.

7   Vor dem Servieren auf jede Portion etwas aufgeschlagene Butter geben und mit Puderzucker bestäuben.

ZUTATEN

2 Eier (Größe L)

125 ml Milch

¼ TL reiner Vanilleextrakt

1 Prise Salz

4 dick geschnittene Scheiben Brot, z. B. Weizentoast ohne Rand, Hefezopf oder Brioche

Backtrennspray

80 g Schokotröpfchen oder Raspelschokolade

1 EL aufgeschlagene Butter (Rezept siehe Seite 24)

Puderzucker zum Bestäuben

VARIANTEN

Ersetzen Sie die Schokolade aus Schritt 4 doch einmal durch eine dieser Zutaten (jeweils ca. 60 g):

- Mascarpone
- Pfirsich-, Aprikosen- oder Kirschkonfitüre
- Orangen- oder Zitronenmarmelade
- Dulce de Leche
- Erdnussbutter
- Frische Himbeeren
- Bananenscheiben

ZUTATEN

8 EL gesalzene Butter

HINWEIS:

Um Butter mit Zitronen-
oder Orangengeschmack
herzustellen, geben Sie
1 TL Zitronenzesten oder
Orangenzesten auf 115 g
Butter.

Aufgeschlagene Butter

Mit aufgeschlagener Butter verleihen Sie jedem Gericht Restaurantqualität. Am besten verwenden Sie gesalzene Butter, die Sie bei Raumtemperatur ca. 1 Stunde lang stehen lassen, damit sie weich wird. Geben Sie die weiche Butter dann in eine Schüssel und schlagen sie mit einem elektrischen Handmixer auf mittlerer Stufe ca. 1 Minute auf, bis die Butter luftig und etwas heller in der Farbe ist.

Heidelbeer-Zimt-Waffins

Belgisches Waffeleisen oder Standardwaffeleisen | 20 Minuten | Für 16 Waffins

Halb Waffel, halb Muffin – diese Köstlichkeit schmeckt noch besser, als ihre Zutaten ohnehin vermuten lassen.

Diese Waffins werden bestimmt einen festen Platz unter Ihren Frühstücksgerichten einnehmen. So ist es zumindest bei mir. Für dieses Rezept verwenden Sie am besten wilde Heidelbeeren, weil diese zum einen viel geschmacksintensiver und zum anderen schön klein sind. Wenn eine Heidelbeere in direkten Kontakt mit der Hitze des Waffeleisens kommt, verbrennt der darin enthaltene Zucker und hinterlässt einen dunklen Klecks in Ihrem Heidelbeer-Waffin. Je größer die Heidelbeere, desto größer der Klecks. Sie können für dieses Rezept frische Heidelbeeren verwenden oder auch tiefgefrorene – was die meiste Zeit des Jahres günstiger und einfacher sein dürfte.

I Das Waffeleisen auf mittlere Temperatur vorheizen.

2 Mehl, Zucker, Zimt, Salz und Backpulver in einer mittelgroßen Schüssel verrühren.

3 Milch, Butter und Eier in einer großen Schüssel verquir-len, bis eine gut verbundene Masse entstanden ist.

4 Die trockenen Zutaten zur Milchmischung geben und zu einem glatten Teig verrühren.

5 Die Heidelbeeren sanft unterheben, bis sie gut verteilt sind.

ZUTATEN

240 g Mehl

55 g Zucker

1 TL Zimt

½ TL Salz

2 TL Backpulver

500 ml Milch,
   Raumtemperatur

8 EL geschmolzene Butter

2 Eier (Größe L)

150 g gefrorene
   Heidelbeeren

Backtrennspray

HINWEIS:

Mit einem Belgischen Waffeleisen werden die Waffins fluffiger.

6   Beide Backflächen des Waffeleisens mit Backtrennspray einsprühen und ca. 60 g des Teigs in jede Backform des Geräts geben. Deckel schließen und ca. 4 Minuten backen, bis die Waffins goldbraun sind.

7   Die Waffins aus dem Waffeleisen nehmen und auf einem Kuchengitter auskühlen lassen. Schritt 6 mit dem restlichen Teig wiederholen.

8   Warm servieren.

TIPPS

• Übrig gebliebenen Teig können Sie im Kühlschrank aufbewahren und am nächsten Tag verwenden. Folgen Sie dazu den oben beschriebenen Schritten und lassen Sie die Waffins wegen des kalten Teigs 1 Minute länger backen.

• Fertige Waffins lassen sich gut in wiederverschließbaren Gefrierbeuteln aufbewahren und im Waffeleisen bei mittlerer Temperatur aufbacken (ca. 2 Minuten).

Leckere Hefewaffeln

| Belgisches Waffeleisen oder Standardwaffeleisen | 20 Minuten, plus 1 Stunde zum Gehenlassen der Hefe und 1 Nacht im Kühlschrank | Für 4–6 Waffeln; ausreichend für 4 Personen |

Ganz normale Waffeln – auch das kann Ihr Waffeleisen.

Ob Sie es glauben oder nicht, ich werde oft nach meinem Lieblingswaffelrezept gefragt. Es weiß doch jeder, dass man im Waffeleisen ganz normalen Waffelteig backen kann, aber einige Leute möchten wohl ausschließlich genau diese Art von Waffeln machen. Es gibt eben solche und solche Menschen. Mein Lieblingswaffelrezept macht nicht mehr Arbeit als andere Rezepte, es erfordert nur ein wenig Voraussicht. Das ist vielleicht nicht immer ganz einfach, aber Sie bekommen das schon hin.

Fragen Sie sich samstagabends einfach, ob Sie zum Sonntagsfrühstück köstliche Waffeln essen möchten. Wenn die Antwort ja lautet (also meistens), nehmen Sie sich 5 Minuten Zeit, um die Waffeln vorzubereiten. Und obwohl Sie für dieses Rezept vorausschauend handeln müssen, ist es doch auch praktisch, weil Sie morgens nicht mehr viel Arbeit damit haben, denn das meiste wurde ja schon am Vorabend erledigt.

Einige Menschen, denen ich dieses Rezept im Laufe der Jahre gegeben habe, haben mir berichtet, dass sie den Hefegeschmack dieser Waffeln nicht mögen. Ich kann dem nicht zustimmen. Ich würde Ihnen kein Rezept empfehlen, bei dem Sie am Abend vorher loslegen müssen, wenn es meiner Meinung nach nicht richtig gut wäre. Aber es kann tatsächlich sein, dass Ihnen diese Waffeln nicht schmecken.

Wenn das so ist, empfehle ich Ihnen, bei Ihrem Lieblingswaffelrezept zu bleiben, weil das dann einfach das beste Rezept für Sie ist.

1   Mehl, Zucker, Salz und Hefe in einer großen Schüssel verrühren. Milch, Butter und Vanille in einer mittelgroßen Schüssel verquirlen und zur Mehlmischung geben. So lange verrühren, bis alles gut verbunden ist. Die Schüssel mit Frischhaltefolie oder einem gut schließenden Deckel verschließen. 1 Stunde bei Raumtemperatur gehen lassen, danach über Nacht in den Kühlschrank stellen.

2   Der Teig sollte am nächsten Morgen leichte Blasen schlagen. Das Waffeleisen auf mittlere Temperatur vorheizen und beide Backflächen mit Backtrennspray einsprühen.

Den Backofen auf niedrigster Stufe vorheizen.

3   Die Eigelbe unter den Teig rühren. Eiweiß sehr steif schlagen und vorsichtig unterheben.

4   Teig in das Waffeleisen geben und backen, bis die Waffel hellbraun ist, ca. 3–5 Minuten.

5   Waffel aus dem Waffeleisen nehmen und im Backofen auf dem Ofengitter warm halten. Schritt 4 für die restlichen Waffeln wiederholen.

6   Mit Butter und Ahornsirup anrichten.

ZUTATEN

240 g Mehl

1 EL Zucker

½ TL Salz

½ TL Trockenhefe

500 ml lauwarme Milch

115 g geschmolzene Butter, auf Raumtemperatur herabgekühlt

1 TL reiner Vanilleextrakt

Backtrennspray

2 Eigelb (Größe L)

2 Eiweiß (Größe L)

Butter und Ahornsirup zum Anrichten

HINWEIS:

Für manche Waffeln, die über Nacht gehen sollen, soll der Teig bei Raumtemperatur aufbewahrt werden. Bei Rezepten, bei denen der Teig in den Kühlschrank kommt, brauchen Sie sich keine Gedanken bezüglich der Lebensmittelsicherheit zu machen, und außerdem wird der Teig sehr aromatisch, wenn er über Nacht langsam im Kühlschrank gehen kann.

Getrüffelte Rühreier

In nur wenigen Minuten können Sie köstliche Rühreier zubereiten – fluffig, aromatisch und perfekt fürs Wochenende.

Dies sind keine alltäglichen Rühreier. Sie sind ein bisschen dekadent. In diesem Rezept verwenden wir Butter statt Backtrennspray. Wir verwenden Konditorsahne statt Milch. Und vor allem verwenden wir Trüffelöl. Trüffelöl basiert zu 99 % auf Olivenöl, das mit Trüffelaroma verfeinert wird. Schon ein kleines bisschen davon verleiht jedem Gericht den erdigen, unvergleichlichen Geschmack von Trüffeln. Nachdem Sie es in diesem Rezept ausprobiert haben und bestimmt auf den Geschmack gekommen sind, aromatisieren Sie doch beim nächsten Mal Ihr Kartoffelpüree oder Ihre Pasta mit Trüffelöl oder verfeinern Sie Ihr Popcorn damit. Das Öl ist zwar sehr teuer, aber immer noch billiger, als die seltenen Trüffel zu kaufen oder ein Trüffelschwein zu mieten und selbst nach den Pilzen zu suchen.

Wenn Sie die Eier einmal auf dem Waffeleisen haben, denken Sie bestimmt, sie würden daran kleben bleiben. Und nach ein paar Minuten befürchten Sie immer noch, dass die Eier sich niemals von diesem Waffeleisen lösen lassen. Halten Sie sich einfach an die Anweisungen in diesem Rezept und rühren Sie stetig um. Wenn Sie das Waffeleisen großzügig gebuttert haben, werden sich die Eier, wenn sie gar sind, ganz problemlos davon lösen.

1 Das Waffeleisen auf mittlere Temperatur vorheizen.

2 Die Eier in einer Schüssel mit der Sahne verquirlen.

3 Trüffelöl, Salz und Pfeffer hinzufügen und mit der Eier-Sahne-Mischung verrühren.

4 Die untere Backfläche des Waffeleisens großzügig mit Butter einfetten.

5 Die Eiermasse auf das Waffeleisen geben und den Deckel offen lassen.

6 Die Eier, während diese auf dem Waffeleisen backen, mehrmals mit einem Silikonspatel umrühren. Der Trick dabei ist, die Eiermasse immer wieder aus den Rillen zu holen, damit die noch rohe Masse auf die Backfläche gelangt und dann auch garen kann.

7 Die Eier genau im Auge behalten. Sie können schon nach 2 Minuten fertig sein, manchmal dauert es aber auch 3 Minuten. Sie sind verzehrfertig, wenn alles gestockt und nicht mehr flüssig ist.

8 Das fertige Rührei mit einer Winkelpalette oder zwei hitzebeständigen Silikonspateln aus dem Waffeleisen nehmen. Dazu zunächst die Ränder lockern und dann vorsichtig mit der Palette oder den Spateln unter das Ei gehen, um es im Ganzen herauszunehmen. Heiß servieren.

ZUTATEN

2 Eier (Größe L)

1 EL Schlagsahne mit mindestens 35 % Fett

1 TL schwarzes Trüffelöl

1 Prise Salz

1 Prise frisch gemahlener schwarzer Pfeffer

1 EL geschmolzene Butter für das Waffeleisen

VARIANTEN

Versuchen Sie anstelle von Trüffelöl Ihr Rührei einmal mit:

- einer Handvoll frisch gehackter Kräuter wie Dill, Schnittlauch oder Petersilie
- 30 g klein geschnittenem Räucherlachs

Bananenbrotwaffeln

Belgisches Waffeleisen oder Standardwaffeleisen	45 Minuten	Für 10–15 Scheiben Bananenbrotwaffeln

Verwenden Sie Bananen mit dem Reifegrad, den Sie auch beim Bananenessen mögen – sehr weiche Bananen passen besser in herkömmliches Bananenbrot.

Als ich diese Waffeln zum ersten Mal gemacht habe, hatten wir Gäste zum Brunch eingeladen. Sie schickten eine SMS, bevor sie sich auf den Weg machten. »Sollen wir irgendwas mitbringen? Croissants? Obst?« Ich betrachtete das Chaos auf meiner Arbeitsplatte und überlegte, ob es wirklich fair wäre, sie zu Versuchskaninchen meiner Waffelexperimente zu machen. »Bringt beides mit!«, schrieb ich zurück. Schlimmstenfalls würden wir Reste essen. Und bestenfalls müssten sie ein nicht gescheitertes Experiment probieren.

Ich wollte nicht den Eindruck erwecken, um Bestätigung zu betteln. (»Sie schmecken toll, oder?«) Aufmerksam beobachtete ich die Reaktionen meiner Gäste. Eine Portion aßen sie sicher aus reiner Höflichkeit. Die zweite Portion, die sie nahmen, machte mir schon mehr Mut. Und dass sie noch ein drittes Mal zulangten, war dann der Beweis, dass ich mir keine Gedanken hätte machen müssen. Diese Waffeln waren der Knüller. Ganze zwei Stückchen blieben über, die im Kühlschrank landeten – aus dem sie einen Tag später auch weggenascht waren.

ZUTATEN

340 g Zucker + 2 EL Zucker

1 TL Zimt

3 mittelgroße, reife Bananen, in ca. 3 mm breite Scheiben geschnitten

8 EL weiche Butter

170 g Frischkäse

2 Eier (Größe L)

1 TL reiner Vanilleextrakt

180 g Mehl

50 g Haferflocken

1½ TL Backpulver

¼ TL Salz

Backtrennspray

HINWEIS:

Wenn Sie die Bananen sehr dünn schneiden, bleiben in den fertigen Waffeln keine Bananenstückchen zurück. Stattdessen sind die Bananen geschmolzen und geben den Waffeln ein leckeres Aroma.

1 2 EL Zucker mit dem Zimt vermischen. Die Bananenscheiben in eine Schüssel geben und mit der Zimt-Zucker-Mischung bestreuen. Umrühren, damit alle Bananenscheiben gezuckert sind, und 30 Minuten stehen lassen.

2 Die Butter und den restlichen Zucker in der Küchenmaschine oder mit einem Handmixer so lange verrühren, bis alles gut verbunden ist. Den Frischkäse hinzufügen und gründlich verrühren. Die Eier nach und nach beimengen, dann den Vanilleextrakt unterrühren, bis alle Zutaten zu einer geschmeidigen Masse verbunden sind.

3 Mehl, Haferflocken, Backpulver und Salz in einer mittelgroßen Schüssel vermischen. Zu der Butter-Zucker-Mischung geben und so lange rühren, bis alle Zutaten gut verbunden sind. Dabei bis ganz nach unten rühren, um sicherzustellen, dass alles verrührt ist.

4 Die Bananenscheiben und eventuell ausgetretenen Bananensaft in die Schüssel geben und sanft unterheben.

5 Das Waffeleisen auf mittlere Temperatur vorheizen. Beide Backflächen des Waffeleisens mit Backtrennspray einsprühen. Den Backofen auf niedrigster Stufe vorheizen.

6 Einen Messbecher mit Backtrennspray einfetten und ca. 75 ml Teig abmessen. Diesen dann auf das Waffeleisen geben. Deckel schließen und backen, bis das Bananenbrot goldbraun wird, ca. 5 Minuten. (Wenn Sie den Deckel zu früh öffnen, hält die Waffel nicht zusammen.)

7 Die fertige Bananenbrotwaffel aus dem Waffeleisen nehmen und auf einem Kuchengitter kurz auskühlen lassen. Schritt 6 mit dem restlichen Teig wiederholen. Die fertigen Bananenbrotwaffeln im Ofen warm halten.

8 Warm oder lauwarm servieren.

Kapitel 3

Hauptgerichte

Quesadillas mit grünen Chilis

Belgisches Waffeleisen oder Standardwaffeleisen | 10 Minuten | Für 2 Quesadillas

Quesadillas aus dem Waffeleisen sind sehr vielseitig und herrlich unkompliziert – perfekt für ein schnelles Abendessen unter der Woche.

Quesadillas sind wie gemacht für das Waffeleisen. Oder … sind Waffeleisen wie gemacht für Quesadillas? Egal, auf jeden Fall sind sie dank der beidseitigen Hitze und der Kompression im Waffeleisen schnell zubereitet und sehen auch noch gut aus.

Für die Resteverwertung sind Quesadillas ebenfalls bestens geeignet. Man kann sie ganz individuell füllen und quasi alles, was im Kühlschrank ist, dazu verwenden. Übrig gebliebenes Hühnchen- oder Putenfleisch? Passt super. Reste von gegrilltem Gemüse? Auch lecker in einer Quesadilla. Mit diesen Resten schmeckt sie fast, als ob sie genau so geplant gewesen wäre.

Wenn der Käse schmilzt, wird zwangsweise etwas davon aus den Tortillas quellen. Machen Sie das Beste daraus, indem Sie ihn mit einem hitzebeständigen Spatel vom Waffeleisen kratzen. Diesen leckeren, knusprigen Käse können Sie als schmackhaftes Topping auf die fertig gebackenen Quesadillas geben.

ZUTATEN

Backtrennspray

4 Weizentortillas

115 g geriebener Käse, gut eignen sich Gouda oder Raclette-Käse

40 g gehackte eingelegte grüne Chilis

HINWEIS:

Übrig gebliebene grüne Chilis lassen sich leicht in wiederverschließbaren Gefrierbeuteln einfrieren. Sie passen gut zu Omelettes, Maisbrot zu einem würzigen Cheeseburger.

1   Das Waffeleisen auf mittlere Temperatur vorheizen. Beide Backflächen des Waffeleisens mit Backtrennspray einsprühen.

2   Eine Tortilla auf das Waffeleisen legen und vorsichtig (da das Waffeleisen heiß ist) die Hälfte des Käses und der Chilis auf der Tortilla verteilen. Dabei einen Rand von gut 2 cm lassen. Die zweite Tortilla darauflegen und den Deckel schließen.

3   Die Quesadilla nach 3 Minuten prüfen. Wenn der Käse geschmolzen ist und die Tortilla goldbraune Waffelmarkierungen hat, ist sie fertig. Die Quesadilla dann aus dem Waffeleisen nehmen.

4   Schritte 2 und 3 mit den restlichen Zutaten wiederholen. Die Quesadillas in gleich große Stücke schneiden und servieren.

VARIANTEN

Wenn Sie ein reichhaltigeres Gericht zubereiten möchten, geben Sie eine der folgenden Zutaten bei Schritt 2 mit auf die Tortilla:

• 75 g zerkleinertes Hühnchen- oder Schweinefleisch (gegart)

• 75 g klein geschnittenes Steak (gegart)
• 75 g gebackene Bohnen

Richten Sie die Quesadilla mit einer oder mehreren dieser Zutaten an:

• gehackte Frühlingszwiebel
• kross gebratener Speck in kleinen Stückchen

• Sauerrahm
• Salsa
• Guacamole

TIPP

Eingelegte grüne Chilis im Glas bekommen Sie häufig in den Feinkostabteilungen der Supermärkte. Sie können auch frische Chilis verwenden, diese sind aber schärfer, daher sollten sie vorsichtig dosiert werden.

Waffelburger mit Käse

| Belgisches Waffeleisen oder Standardwaffeleisen | 20 Minuten bei Verwendung gekaufter Brötchen | Für 4 Portionen |

Ein absolutes Lieblingsgericht in neuer Interpretation durch das Waffeleisen

Waffelburger sind die perfekte Verbindung von etwas Gewohntem mit einem Hauch Exzentrizität.

Sie können es sich bei diesem Gericht leicht machen. Nehmen Sie einfach fertige Hamburger-Patties, packen Sie sie zwischen zwei Brötchenhälften aus der Plastikpackung, fertig. Ganz einfach.

Sie könnten auch Ihr Hamburgerfleisch in der Pfanne braten, wie die meisten Leute das machen. Aber wir machen es einmal ganz anders.

Wir bereiten dieses Gericht komplett im Waffeleisen zu, deswegen finden Sie im Anschluss auch ein Rezept für die Brötchen aus dem Waffeleisen – so bekommen Sie einen echten Waffelburger vom Brötchen bis zum Pattie.

Vielleicht haben Sie selten – oder nie? – Zeit, selbst Brötchen zu backen. Deswegen ist es absolut in Ordnung, wenn Sie es sich leicht machen und gekaufte Brötchen verwenden – solange Sie diese im Waffeleisen erwärmen. Legen Sie sie dazu ca. 10 Sekunden ins Waffeleisen und schließen Sie den Deckel, damit beide Seiten die Waffelmarkierungen bekommen. Halten Sie sie danach im mäßig erhitzten Ofen warm, bis das Fleisch fertig ist.

HINWEIS:
Für selbst gemachte Brötchen müssen Sie ca. 4 Stunden einplanen, da der Teig lange gehen muss.

ZUTATEN

Backtrennspray

500 g Rinderhack

½ TL Salz

1 TL frisch gemahlener
schwarzer Pfeffer

4 Scheiben leicht schmel-
zender Käse wie Cheddar,
Gruyère oder Emmentaler

4 Burgerbrötchen, gekauft
oder selbst gemacht

Ketchup, Senf, Salat, Tomaten
und Gewürzgurken zum
Anrichten

HINWEIS:

Auf Seite 41 finden Sie ein
Rezept für selbst gemachte
Brötchen aus Briocheteig.
Ersetzen Sie dafür die
Milch durch die gleiche
Menge Buttermilch. Wenn
Sie Buttermilch verwen-
den, werden das Brötchen
und die Kruste weicher
und erhalten einen Ge-
schmack, als ob Sauerteig
verwendet worden wäre.
Wenn der Brötchenteig
fertig ist, heizen Sie das
Waffeleisen auf mittlerer
Temperatur vor und fetten
es mit geschmolzener
Butter ein. Nehmen Sie
ein Teigstück, bürsten Sie
das Mehl ab und geben
Sie es ins Waffeleisen.
Das Brötchen sollte bei
geschlossenem Deckel ca.
3 Minuten backen, bis es
leicht gebräunt ist.

1 Das Waffeleisen auf mittlere Temperatur vorheizen. Beide Backflächen des Waffeleisens mit Backtrennspray einsprühen.

2 Das Fleisch mit Salz und Pfeffer würzen und zu 4 Patties formen, die ungefähr die Größe der Brötchen haben sollten.

3 So viele Patties wie möglich in das Waffeleisen legen, den Deckel schließen und so lange braten, bis das Fleisch eine Innentemperatur von ca. 70 °C auf dem Digitalthermometer anzeigt, ca. 3 Minuten.

4 Die fertigen Patties aus dem Waffeleisen neh-men. Für Cheeseburger ein Pattie im Waffeleisen belassen, Käse darauf ge-ben, den Deckel schließen und ganz kurz erhitzen – ca. 5 Sekunden.

5 Schritte 3 und 4 mit den übrigen Patties wiederholen.

6 In einem Brötchen mit Ketchup, Senf, Salat, Toma-ten und Gewürzgurken an-richten.

Briocheteig

1 Mehl, Hefe, Salz und Zucker in der Küchenmaschine gründlich verrühren.

2 Butter und Eier zugeben und 10 Minuten rühren lassen, bis eine gut verbundene Masse entstanden ist. Die Milch hinzufügen und ca. ½ Minute unterrühren. Der Teig wird sehr klebrig sein, seine Konsistenz sollte zwischen einem Rührkuchenteig und einem Knetteig liegen.

3 Eine große Schüssel mit Butter einfetten und den Teig hineingeben. Mit Frischhaltefolie oder einem feuchten Geschirrtuch abdecken und an einem warmen Ort so lange gehen lassen, bis sich der Teig verdoppelt hat, ca. 3 Stunden.

4 Den Teig auf eine bemehlte Arbeitsfläche geben, mit Mehl bestäuben und mit bemehlten Händen zu einem Rechteck in der Größe ca. 22 x 14 cm formen. Einmal längs durchschneiden (nicht sägen), um 2 Stücke à ca. 22 x 7 cm zu erhalten. Jedes dieser Stücke in 3 gleich große Teile schneiden, sodass 6 Rechtecke mit je 7 cm auf jeder Seite entstehen. Die Teigstücke etwas flach klopfen, bis sie ca. 12 cm groß sind. Mit einem feuchten Geschirrtuch abdecken und 1 Stunde an einem warmen Ort gehen lassen, bis sie weiter aufgegangen sind.

5 Nach einer Stunde kann der Teig gebacken oder roh in einem wiederverschließbaren Gefrierbeutel eingefroren werden. Gefrorenen Teig bei Raumtemperatur auftauen lassen, bevor er gebacken wird.

ZUTATEN

240 g Mehl + Mehl zum Bestäuben

1 TL Trockenhefe

½ TL Salz

2 EL Zucker

4 EL kalte Butter, in 8 Stücke geschnitten + Butter zum Einfetten

2 Eier (Größe L)

125 ml Milch

Spaghetti mit Fleischbällchen
aus dem Waffeleisen

Belgisches Waffeleisen oder Standardwaffeleisen | 90 Minuten | Für 4 Portionen

Durch die Zubereitung im Waffeleisen erhalten die Fleischbällchen kleine Vertiefungen, die ganz wunderbar Soße aufnehmen.

Ich fragte: »Kann ich mir mal eure Familie ausleihen?« Meine lieben Freunde Nick und Anya haben zwei bezaubernde kleine Kinder. Ich habe keine. Ich hatte einfach das Gefühl, dass Fleischbällchen aus dem Waffeleisen bei Kids gut ankommen würden. Um das zu bestätigen, brauchte ich eine Familie.

Da wir alle prall gefüllte Terminkalender hatten, machte es am meisten Sinn, dass ich zu ihnen ging. Bevor ich das tat, stellte ich die Frage, die ich in solchen Situationen mittlerweile immer stelle: »Habt ihr ein Waffeleisen?« Hatten sie. Ein wunderschönes. Sie hatten es auf einem Flohmarkt ergattert, und es war wahrscheinlich älter als alle Anwesenden. Es hatte sanfte Kurven wie ein Oldtimer. Dieses Waffeleisen hatte schon einige Waffeln gebacken. Jetzt würde der Oldie es mit Fleischbällchen zu tun bekommen.

Nick machte einen Salat, während ich die Fleischbällchen vorbereitete. Bevor ich das Fleisch auf das Waffeleisen gab, rief Nick seinen ältesten Sohn. »Das wird er sehen wollen«, sagte Nick. Der Junge kletterte auf eine Trittleiter und sah mir dabei zu, wie ich die Hackbällchen in das Waffeleisen gab und den Deckel schloss. »Wie heißen die

Dinger?«, fragte er. »Sind das Fleischwaffeln oder Waffelbällchen?« Wow. Der Junge hatte den Nagel auf den Kopf getroffen.

Als ich die Fleischbällchen aus dem Waffeleisen nahm, zeigte er auf das, das er haben wollte. Ich versprach ihm, es mit seinen Initialen zu markieren. Das tat ich dann auch ganz vorsichtig. Nicht, dass er nachher noch seinen Teller in die Küche zurückgehen ließ.

Damit bei diesem Gericht alles gleichzeitig fertig ist, beginnen Sie am besten mit der Soße, damit diese köcheln kann, und setzen das Wasser für die Nudeln auf, bevor Sie die Hackbällchen vorbereiten. So können Sie die Spaghetti und die Fleischbällchen zeitgleich kochen. (Oder braten Sie erst die Hackbällchen und halten Sie sie im vorgeheizten Ofen warm, während Sie die Nudeln kochen.)

1 Zuerst die Marinara-Soße: Die Knoblauchzehen halbieren, die flache Seite einer Messerklinge darauflegen und mit der Hand auf der Klinge Druck ausüben, um die Zehe anzudrücken. Die Schale entfernen.

2 2 EL Olivenöl und die zerdrückten Knoblauchzehen in eine große Pfanne geben und bei mittlerer Hitze so lange braten, bis der Knoblauch sein Aroma abgibt und leicht gebräunt ist, ca. 3 Minuten.

3 Während der Knoblauch brät, einen kleinen Teil des Tomatensafts aus den Dosen abgießen. Die Tomaten in der Dose mit einer Gabel in große, ungleichmäßige Stücke zerteilen.

4 Tomaten und rote Paprikaflocken in die Pfanne geben, dabei auf Tomatenspritzer achten, die entstehen, wenn sie ins heiße Öl gegeben werden.

5 Bei mittlerer Hitze erwärmen, bis die Soße anfängt zu kochen, ca. 5 Minuten. Bei etwas reduzierter Hitze unter mehrfachem Rühren köcheln lassen, bis die Tomaten zerfallen, ca. 45 Minuten. Dies sollte eine dicke, stückige Soße ergeben. Mit Salz und Pfeffer abschmecken.

6 Nudeln kochen: Einen großen Topf mit Wasser zum Kochen bringen.

7 Das Waffeleisen auf mittlere Temperatur vorheizen. Den Backofen auf niedrigster Stufe vorheizen.

ZUTATEN

Für die Marinara-Soße und die Nudeln:

4 Knoblauchzehen, ungeschält

2 EL Olivenöl Extra Vergine + etwas Olivenöl zum Anrichten

2 Dosen (à 800 g) ganze Tomaten, geschält

¼ TL rote Paprikaflocken

Salz und frisch gemahlener schwarzer Pfeffer zum Abschmecken

350 g Spaghetti

Für die Fleischbällchen:

500 g fettarmes Rinderhack oder Tartar

300 g TK-Spinat gehackt, aufgetaut und ausgedrückt

1 Ei (Größe L), aufgeschlagen

30 g Paniermehl

40 g Zwiebeln, fein gehackt

25 g geriebener Parmesan

2 Knoblauchzehen, gepresst

½ TL Salz

Backtrennspray

Frisch geriebener Parmesan oder anderer Hartkäse zum Anrichten

8   Während die Soße köchelt und das Nudel-wasser warm wird, die Fleischbällchen vor-bereiten: Alle Zutaten für die Fleischbällchen außer dem Backtrennspray in einer großen Schüssel vermischen und gut durchkneten.

9   Das Hackfleisch zu 16 Bällchen formen und auf ein mit Backpapier ausgelegtes Schneide-brett legen.

10   Die Spaghetti ins kochende Was-ser geben, etwas Salz zugeben und nach Packungsanweisung kochen. Abgießen und warm halten.

11   Beide Backflächen des Waffeleisens mit Backtrennspray einsprühen. So viele Fleisch-bällchen wie möglich in das Waffeleisen legen, dabei etwas Platz zwischen ihnen lassen, da sie sich noch ausweiten.

12   Den Deckel schließen und die Hack-bällchen braten, bis sie von außen schön gebräunt und innen durchgegart sind, ca. 6 Minuten. Eventuell ein Bällchen anschneiden, um sicherzugehen, dass sie nicht mehr roh sind. Zur Probe mit dem Digitalthermomether: Rinderhack sollte mindestens 70 °C haben.

13   Die Fleischbällchen aus dem Waffeleisen nehmen und Schritte 11 und 12 mit den restli-chen Bällchen wiederholen. Wenn die anderen Komponenten noch nicht fertig sind, die Hack-bällchen im vorgeheizten Ofen warm halten.

14   Eine Tellerportion Spaghetti mit 4 Fleisch-bällchen anrichten und etwas Soße darüber-geben. Olivenöl darüberträufeln und mit Par-mesan bestreuen. Die restliche Soße auf den Tisch stellen, sodass sich jeder nachnehmen kann.

Filet Mignon

Belgisches Waffeleisen oder Standardwaffeleisen | 15 Minuten | Für 2 Portionen

Bei einem Steak greift niemand instinktiv zu einem Waffeleisen. Das wird nach diesem Rezept anders sein.

Die Leute werden Sie für verrückt erklären, wenn Sie ein so teures Stück Fleisch – quasi ein Fleisch der Luxusklasse – im Waffeleisen braten. Das wird sich ändern, wenn sie es gegessen haben. Das Steak wird außen herrlich knusprig und innen butterweich sein.

In manchen Rezepten werden sehr würzige Soßen zu Filet Mignon empfohlen, mit der Begründung, dass das Fleisch zwar sehr zart sei, aber der Geschmack zu wünschen übrig lasse. Ich bevorzuge eine einfache Würzung des Fleischs mit Salz und Pfeffer. Reichen Sie dazu einen Tomatensalat mit Blauschimmelkäse und einer Balsamico-Vinaigrette, und schon haben Sie ein absolut perfektes Gericht.

Bei Ihrem Steak sollten Sie genau auf die richtigen Zeiten achten. Ein digitales Haushaltsthermometer hilft Ihnen dabei. Bei meinem ersten Versuch, ein Steak im Waffeleisen zuzubereiten, ließ ich es 9 Minuten braten, prüfte es mit dem Thermometer, und es hatte 43 °C. Ich ließ es weitere 3 Minuten braten, und als ich es dann prüfte, zeigte es 73 °C an der kältesten Stelle an. Die Temperatur war in dieser kurzen Zeit also kometenhaft angestiegen.

Dieses erste Steak war köstlich, aber für meinen Geschmack viel zu durch. Das zweite Steak war schon viel besser. Nach 10 Minuten Bratzeit prüfte ich es, es hatte eine Kerntemperatur von 54 °C – zu roh für mich. Also ließ ich es noch 90 Sekunden im Waffeleisen und prüfte dann erneut. Es hatte 60 °C – medium-rosa, genau so, wie ich es mag. Ich nahm es heraus und ließ es 5 Minuten ruhen.

Mein Tipp: Lassen Sie das Steak lieber zu kurz braten, prüfen Sie es und braten Sie dann bei Bedarf 1–2 Minuten nach.

1 Das Waffeleisen auf hohe Temperatur vorheizen.

2 Salz und Pfeffer auf einen Teller geben und vermischen, das Steak von beiden Seiten darin wälzen.

3 Beide Backflächen des Waffeleisens mit Backtrennspray einsprühen. Das Steak auf das Waffeleisen geben, so weit wie möglich entfernt vom Gelenk. (Dadurch schließt der Deckel gleichmäßiger auf dem Fleisch.) Den Deckel schließen und ca. 8 Minuten garen.

4 Die Temperatur mit dem Digitalthermometer nach 8 Minuten prüfen. Bei 54 °C ist es medium rare (englisch), bei 58–60 °C medium (rosa), bei 64–66 °C medium well (halbrosa) und bei 74–76 °C well-done (durch).
Wenn das Steak noch etwas braucht, jede Minute überprüfen und sofort herausnehmen, wenn es den gewünschten Gargrad erreicht hat. Bei Nichtvorhandensein eines Digitalthermometers nach 8 Minuten überprüfen, indem ein kleiner Einschnitt von ca. 2 cm Tiefe auf der Oberseite des Steaks durchgeführt wird. Das Steak ist fertig, wenn es nur noch ein wenig rosa zur Mitte hin ist.

5 Das Steak aus dem Waffeleisen nehmen und auf ein Schneidebrett legen. Das Waffeleisen eingeschaltet lassen, falls das Steak nachgebraten werden muss.

6 Das Steak einige Minuten ruhen lassen und dann in der Mitte durchschneiden, um den Gargrad zu prüfen. Wenn es den gewünschten Gargrad erreicht hat, das Waffeleisen ausschalten und das Steak servieren. Ansonsten wieder auf das Waffeleisen legen, nachgaren und nach 1 Minute überprüfen. Das Steak dann nochmals vor dem Servieren ruhen lassen.

ZUTATEN

2 TL grobes Meersalz oder anderes grobes Salz

2 TL frisch gemahlener schwarzer Pfeffer

250 g Filet Mignon, ca. 4 cm dick

Backtrennspray

HINWEIS:

Die Garzeiten variieren je nach Dicke des Steaks und sind von Waffeleisen zu Waffeleisen unterschiedlich. Falls Ihr Steak dünner oder dicker als 4 cm ist, prüfen Sie es lieber 1–2 Minuten früher oder später als zu der hier angegebenen Zeit.

TIPP

Die amerikanischen Lebensmittelbehörden empfehlen, dass ein Steak eine Kerntemperatur von 60–62 °C haben sollte, bevor es aus dem Waffeleisen genommen wird. (Na ja, sie nennen es »Hitzequelle«, aber wir verstehen das auch so.) Danach sollte das Fleisch 3 Minuten ruhen, bevor es serviert wird. So erhalten Sie ein wunderbar medium gebratenes Steak.

Süßkartoffelgnocchi

Standardwaffeleisen bevorzugt | 2 Stunden | Für 4 Portionen (ergibt ca. 60 Gnocchi)

Diese Gnocchi schaffen es ganz sicher auf Ihren monatlichen Speiseplan.

HINWEIS:

Wenn Sie die Gnocchi in einem Belgischen Waffeleisen formen, achten Sie darauf, dass alle Gnocchi so liegen, dass sie ein Waffelmuster erhalten.

Ich habe meine Liebe zu Gnocchi entdeckt, als ich für eine Weile in Argentinien gelebt habe. Der 29. jeden Monats war Gnocchi-Tag. Vor den Pastaläden bildeten sich jedes Mal Schlangen, weil alle ihre Gnocchi für das Abendessen kaufen wollten.

Warum Gnocchi und warum an diesem Tag? Man vermutet, es liegt daran, dass am Monatsende die Vorratskammern leer sind und die Zutaten für Gnocchi kaum einfacher sein könnten: Kartoffeln und Mehl. Manche Köche geben noch Parmesan und eventuell ein Ei hinzu. Die Leute haben vielleicht nicht viel, aber immer genug für Gnocchi. Gnocchi sind richtiges Seelenfutter, und sie sättigen.

Man findet Gnocchi auf der Speisekarte oft unter Pasta, dabei sind sie doch eigentlich Kartoffelklößchen. In vielen Rezepten werden gekochte Kartoffeln verwendet, hier aber gebackene. Die fluffige, trockene Textur der gebackenen Kartoffeln erlaubt es, die Feuchtigkeit der Gnocchi besser in den Griff zu bekommen, indem man beispielsweise ein Ei zugibt.

Wer Gnocchi professionell herstellt, verwendet dazu ein geriffeltes hölzernes Brett, oft Gnocchi-Brett genannt, mit dem man die typischen Vertiefungen erzielt. Wenn Sie kein Gnocchi-Profi sind – oder einfach nicht der Tradition folgen möchten –, verwenden Sie ein Waffeleisen. Es gibt zwei Zubereitungsmethoden. Bei der ersten werden die Gnocchi vollständig auf dem Waffeleisen zubereitet. Sie erhalten dadurch goldbraune Klößchen, die hervorragend zu Pesto passen. Die zweite Methode ist etwas überraschender: Sie machen das Waffeleisen gar nicht an. Sie verwenden es nur, um den Teig in Form zu bringen und kochen die Gnocchi dann in Wasser. So erhalten Sie Gnocchi mit Waffelmuster, die feucht und weich sind, und die Vertiefungen nehmen ganz wunderbar die Soße auf.

1 Den Backofen auf 180 °C vorheizen.

2 Die Kartoffeln ca. 1 Stunde backen, bis sie sich leicht mit einer Gabel einstechen lassen. Abkühlen lassen und pellen. (Es kann sein, dass sie nicht die gewohnte Konsistenz einer Backkartoffel haben, was aber in Ordnung ist, da sie später noch einmal gegart werden.) Die Kartoffeln über einer großen Schüssel durch eine Kartoffelpresse drücken, mit einem Stampfer zerkleinern oder über die grobe Seite einer Küchenreibe raspeln.

3 150 g Mehl hinzugeben und mit den Händen verkneten, bis keine Kartoffelklümpchen mehr entstehen. Parmesan, Salz, Pfeffer und Muskat hinzufügen und gleichmäßig einkneten.

4 In die gut verbundene Kartoffelmasse in der Mitte eine Vertiefung drücken und das aufgeschlagene Ei hineingeben. Mit den Händen zu einem glatten Teig kneten. Der Teig sollte leicht klebrig sein.

5 Auf einer leicht bemehlten Arbeitsfläche den Teig nochmals gut durchkneten, bis alles gut miteinander verbunden ist. Er sollte jetzt feucht, aber nicht nass und klebrig sein. Wenn er zu klebrig ist, 1 EL bis max. 30 g Mehl hinzufügen, bis er die rich-

ZUTATEN

1 große mehligkochende Backkartoffel und 1 große Süßkartoffel (gesamt ca. 750 g)

150 g Mehl + Mehl für die Verarbeitung

50 g geriebener Parmesan

1 TL Salz

½ TL frisch gemahlener schwarzer Pfeffer

1 Prise geriebene Muskatnuss

1 Ei (Größe L), aufgeschlagen

Backtrennspray oder geschmolzene Butter

Pesto oder Salbei-Butter-Soße aus dem Waffeleisen (Rezepte im Anschluss)

tige Konsistenz hat. Den Teig zu einer dicken Rolle formen und in 4 Stücke schneiden.

6 Jedes Teigstück zu einem Strang formen, der ungefähr den Umfang eines Daumens hat. Mit einem scharfen Messer ca. 2,5 cm dicke Scheiben davon abschneiden.

7 Das Waffeleisen auf mittlere Temperatur vorheizen. Beide Backflächen des Waffeleisens mit Backtrennspray einsprühen oder mit einem Silikonpinsel mit Butter einpinseln. Den Ofen auf niedrigste Temperatur stellen und ein Backblech zum Warmhalten

der fertigen Gnocchi bereitstellen.

8 Das Mehl vorsichtig von den Gnocchi abschütteln und die erste Ladung Gnocchi auf das Waffeleisen legen, dabei etwas Platz zwischen den Gnocchi lassen, da sie sich ausbreiten. Den Deckel schließen und so lange backen, bis die Waffelmarkierungen auf den Gnocchi goldbraun sind, ca. 2 Minuten. Mit den restlichen Gnocchi wiederholen, und die fertig gebackenen Gnocchi auf dem Blech im Ofen warm halten.

9 Heiß mit Pesto oder Salbei-Butter-Soße servieren.

VARIANTEN

Hier die andere Zubereitungsmethode: die Gnocchi im Waffeleisen formen und dann kochen.

Dem Rezept bis Schritt 6 folgen. Das Waffeleisen nicht einschalten. Die Gnocchi leicht mit Mehl bestäuben, ins Waffeleisen geben, Platz zum Ausdehnen lassen und den Deckel schließen. Nach 10 Sekunden den Deckel öffnen, die Gnocchi herausnehmen und auf einen Teller legen.

So lange wiederholen, bis alle Gnocchi geformt sind. Die Gnocchi dann in heißem Salzwasser kochen, bis sie an der Oberfläche schwimmen, ca. 2 Minuten.

Oder die rohen Gnocchi in einer Lage auf Backpapier für 1 Stunde in das Gefrierfach geben, danach herausnehmen und in einem wiederverschließbaren Gefrierbeutel wieder einfrieren. Gefrorene Gnocchi müssen ca. 1 Minute länger kochen.

HINWEIS:
Sie können ein Belgisches Waffeleisen für die gekochte Variante verwenden, aber die Gnocchi haben dann nicht so viele kleine Waffelmarkierungen.

Pesto

10 Minuten | Für ein Glas à 250 ml

Basilikum, Knoblauch, Pinienkerne oder Walnüsse, Olivenöl und Parmesan in einem Universalzerkleinerer so lange mixen, bis eine homogene Masse entsteht. Pesto lässt sich gut in einer verschlossenen Vorratsdose im Kühlschrank aufbewahren. (Es kann etwas dunkler werden, schmeckt aber trotzdem noch köstlich.)

Sie können Pesto auch in Eiswürfelbehältern einfrieren und die Pesto-Würfel später in einem wiederverschließbaren Gefrierbeutel weiter im Gefriergerät aufbewahren.

ZUTATEN

50 g frische Basilikumblätter, gewaschen und getrocknet (ca. 2 Bund)

1 Knoblauchzehe, klein

3 EL Pinienkerne oder Walnüsse

125 ml Olivenöl Extra Vergine

50 g geriebener Parmesan

Salbei-Butter-Soße aus dem Waffeleisen

5 Minuten | Für 60 ml

1 Das Waffeleisen auf mittlere Temperatur vorheizen.

2 Die Salbeiblätter in geschmolzene Butter tunken und auf das Waffeleisen geben, bis sie knusprig und leicht gebräunt sind, ca. 1 Minute.

3 Die geschmolzene Butter über die Gnocchi gießen und mit den gebratenen Salbeiblättern anrichten.

ZUTATEN

4 EL Butter, geschmolzen

16 große frische Salbeiblätter

Pizza Margherita
mit waffeliger Kruste

Belgisches Waffeleisen oder Standardwaffeleisen	3 ½ Stunden (inkl. Zeit für das Gehen des Teigs)	Für 6 Portionen

Dieses Rezept habe ich mit einem Pizzaexperten entwickelt.

Dimitri Syrkin-Nikolau öffnete die Türen und Pizzaöfen seines Restaurants Dimo's Pizza in der Chicagoer North Side für mich – und dann haben wir richtig auf den Putz gehauen.

Wir haben die ausgefallensten Pizzen im Waffeleisen ausprobiert: gefüllte Waffelpizza mit Kartoffelbrei und Bratensoße; Pizzawaffel mit Hühnchen und Crème fraîche; Krabben, Frischkäse und süßsaure Soße auf Pizza. Am wichtigsten war dabei, dass wir gelernt haben, was funktioniert und was nicht.

Es gibt zwei Zubereitungsmöglichkeiten: die traditionelle Methode, bei der die Waffelpizza einer echten Pizza sehr ähnlich wird, weil die Beläge auf dem knusprigen Teig liegen, und die Calzone-Waffelpizza, bei der sich die Füllung im zugeklappten Teig befindet. Die erste Methode vereint Waffel und Pizza ohne viel Tamtam: Der Teig wird auf dem Waffeleisen gebacken und dann wird ein bisschen geschummelt – aber das ist kein Betrug an der Waffelmethode, ich mache das ja selbst so, und ich bin schließlich die Koryphäe aller Waffelgerichte –, die Pizza kommt dann nämlich zur Fertigstellung unter den Grill. Voilà. Pizza auf gewaffeltem Boden.

Wenn es Ihnen gelingt, den Teig dünn genug zu bekommen, hat auch die Calzone-Waffelpizza etwas für sich; sie sieht auf jeden Fall am ehesten wie eine Waffel aus. Und Sie müssen nicht extra den Ofen anmachen. Der einzige Nachteil bei der Calzone könnte sein, dass sie zu brotartig schmeckt, weil die Füllung ja von beiden Seiten von Teig umschlossen wird.

ZUTATEN

Für den Teig:

480 g Mehl + Mehl zum Bestäuben

1 TL Trockenhefe

1½ TL Salz

350 ml lauwarmes Wasser

Geschmacksneutrales Öl wie Rapsöl zum Einfetten der Schüssel

Backtrennspray

Für den Belag:

750 ml Marinara-Soße (siehe Tipps auf der nächsten Seite)

240 g geriebener Mozzarella

475 g Cherrytomaten, halbiert

1 großer Bund Basilikum, gewaschen, getrocknet und klein geschnitten

1 Zubereitung des Bodens: Mehl, Hefe und Salz in einer großen Schüssel vermischen. Wasser zugeben und so lange rühren, bis ein zottelig aussehender Teig entsteht und das Wasser vollständig absorbiert ist.

2 Den Teig auf eine leicht bemehlte Arbeitsfläche geben und so lange verkneten, bis alles gut miteinander verbunden, der Teig aber nicht zu glatt ist. Den Teig mit einem feuchten Geschirrtuch bedecken oder in Frischhaltefolie wickeln und 10–15 Minuten ruhen lassen.

3 Danach den Teig glatt kneten, ca. 5–10 Minuten.

4 Eine Schüssel mit Öl einfetten, den Teig in die Schüssel geben und darin wenden, sodass er vollständig eingeölt ist. Den Teig mit Frischhaltefolie abdecken und an einem warmen Ort 2 ½ Stunden gehen lassen, bis er sich fast verdoppelt hat.

5 Die Arbeitsfläche mit Mehl bestäuben. Den Teig zusammendrücken und in 6 gleich große Stücke teilen. Die Teigstücke auf die be-

mehlte Arbeitsfläche geben und jeweils zu einer glatten Kugel formen. Diese 5 Minuten mit einem Geschirrtuch bedeckt oder in Frischhaltefolie ruhen lassen.

Nach dem Ruhen jede Kugel langsam in Form ziehen und dehnen, bis eine Scheibe entstanden ist. Wenn der Teig sich noch nicht formen lässt, weitere 5 Minuten ruhen lassen.

6 Das Waffeleisen auf mittlere Temperatur vorheizen. Beide Backflächen des Waffeleisens mit Backtrennspray einsprühen.

7 Eine Teigscheibe gleichmäßig ziehen, bis sie so dünn wie möglich und ungefähr kreisförmig ist, ca. 20 cm im Durchmesser (aber nicht größer als Ihr Waffeleisen). Falls der Teig reißt, den Riss reparieren, indem an dieser Stelle der Teig zusammengedrückt und an anderen Stellen gezogen wird. Mit den restlichen Teigscheiben wiederholen.

8 Die Grillstufe des Backofens vorheizen.

9 Eine Teigscheibe in das Waffeleisen geben und ca.

5 Minuten garen, bis sie goldbraun ist.

10 Teigscheibe aus dem Waffeleisen nehmen und auf ein Backblech legen. Schritt 8 mit den restlichen Teigscheiben wiederholen.

11 Auf jeden gewaffelten Teigboden ca. 125 ml Soße, 40 g Mozzarella und wenn gewünscht eine Handvoll Tomaten geben. Das Backblech mit den belegten Böden für ca. 2 Minuten unter den Grill schieben, bis der Käse geschmolzen ist und Blasen wirft.

12 Die Pizzen aus dem Ofen nehmen, mit Basilikum bestreuen und warm servieren.

VARIANTE

Sind Sie an einer Version interessiert, die komplett im Waffeleisen zubereitet wird? Dann kommt hier die Calzone-Waffelpizza:

1 Nach dem Formen der Teigscheiben in Schritt 6: 60 ml Soße, 30 g Mozzarella und wenn gewünscht einige Tomaten und eine kleine Handvoll Basilikum auf eine Hälfte des Teigs geben. Dabei rundherum einen Rand von 1–1,5 cm lassen. Den Teig zusammenklappen, sodass die Beläge in einer Tasche liegen, und die Ränder zusammendrücken. Die Teigtasche auf das Waffeleisen legen und den Deckel schließen.

2 Ca. 5 Minuten backen und dann prüfen. Die Backzeit ist von der Dicke des Teigs abhängig. Eine Calzone mit sehr dünnem Teig kann schon nach 5 Minuten fertig sein, bei dickerem Teig dauert es einige Minuten länger. Der Teig sollte goldbraun und der Käse geschmolzen sein.

3 Mit den restlichen Zutaten wiederholen. Warm servieren und Marinara-Soße zum Dippen dazu reichen.

TIPPS

• Dieses Rezept ergibt mehr Teig, als Sie brauchen werden. Geben Sie überschüssigen Teig in einen eingeölten wiederverschließbaren Gefrierbeutel. Pizzateig können Sie so über mehrere Monate problemlos einfrieren. Vor der Verwendung in eine Schüssel geben und abgedeckt bei Raumtemperatur auftauen lassen.

• Sie können gekaufte Marinara-Soße verwenden oder sie selbst herstellen, wie im Rezept für Spaghetti mit Fleischbällchen (Seite 43) beschrieben. Die selbst gemachte Soße dann 1 Stunde einkochen lassen.

Hühnerbrust
gefüllt mit Spinat, Pinienkernen und Feta

Belgisches Waffeleisen oder Standardwaffeleisen | 25 Minuten | Für 4 Portionen

Jeder Bissen dieses Gerichts verwöhnt mit zartem Hühnchenfleisch, das sich um eine leckere, leicht nussige Füllung schmiegt.

Dieses Hühnchen wird nicht immer wie eine Fotoschönheit aussehen, aber es wird einfach köstlich schmecken. Falls ein wenig von der Füllung herausquillt oder das Hühnchen sich nicht ganz schließen lässt, nachdem Sie es gefüllt haben, ist das nicht schlimm. Lassen Sie sich davon nicht beirren.

Wenn Sie die Pinienkerne rösten, geben diese ein wunderbares Aroma ab und machen das Gericht noch wohlschmeckender. Geben Sie dazu die Pinienkerne in eine ungeölte Pfanne und rösten Sie sie bei mittlerer Hitze. Schütteln Sie die Pfanne dabei ab und zu. Wenn die Pinienkerne beginnen, sich zu bräunen, und ihren nussigen Duft verströmen, sind sie fertig. Nehmen Sie sie dann aus der heißen Pfanne und geben sie auf einen Teller, damit sie nicht weiterrösten.

ZUTATEN

60 g Babyspinat, fein
  gehackt

60 g Feta, klein gekrümelt

2 EL Pinienkerne, geröstet

2 Knoblauchzehen, gepresst

½ TL Thymian, getrocknet

Backtrennspray

4 halbe Hühnerbrüste
  à ca. 175 g, ohne
  Knochen und Haut

½ TL Salz

½ TL frisch gemahlener
  schwarzer Pfeffer

HINWEIS:

Wenn Sie Babyspinat
verwenden, müssen Sie
den Spinat nicht verlesen
und die großen Stiele
entfernen.

1 Das Waffeleisen auf mittlere Temperatur vorheizen. Den Backofen auf niedrigster Stufe vorheizen.

2 Spinat, Feta, Pinienkerne, Knoblauch und Thymian in einer kleinen Schüssel vermischen. Mit einer Gabel so lange zusammendrücken, bis die Mischung zusammenhält und sich leichter verarbeiten lässt. Beide Backflächen des Waffeleisens mit Backtrennspray einsprühen.

3 In jede Hühnerbrust an der dicksten Stelle horizontal einschneiden, sodass eine Tasche entsteht. Achten Sie darauf, die Brust nicht ganz durchzuschneiden. In jede Tasche nun ¼ der Füllung geben. Den Rand nicht befüllen, damit die Tasche sich schließen kann.

4 Das Hühnchen mit Salz und Pfeffer würzen. So viele Hühnerbrüste wie möglich in das Waffeleisen legen, so weit weg wie möglich vom Gelenk. (Dadurch liegt die obere Backfläche gleichmäßiger auf dem Hühnchen auf.) Den Deckel schließen.

5 Das Hühnchen 7 Minuten garen und dann prüfen. Bei Verwendung von dicken Hühnerbrüsten eventuell das Fleisch einmal umdrehen und nochmals 3 Minuten garen. Das Hühnchen sollte außen goldbraun und innen nicht mehr rosa sein. Eventuell an der dicksten Stelle zur Prüfung anschneiden. (Falls Sie es mit einem Digitalthermometer prüfen: Die Innentemperatur des Fleischs sollte ca. 74 °C haben.)

6 Die Hühnerbrüste aus dem Waffeleisen nehmen und Schritt 5 mit den verbleibenden Hühnchen wiederholen. Das Fleisch im Backofen warm halten.

7 Warm servieren.

Parmesan-Hühnchen
mit Gemüse aus dem Waffeleisen

Belgisches Waffeleisen oder Standardwaffeleisen | 30 Minuten | Für 4 Portionen

Ein Spritzer Tabasco und etwas Zitronenaroma geben diesem Hühnchen den richtigen Pfiff.

in paar Tipps für die Zubereitung von paniertem Hühnchen im Waffeleisen:

• Es funktioniert! Und da das Fleisch von beiden Seiten Hitze bekommt, ist es schnell gar.

• Mein Tipp für das Klopfen des Hühnerfleischs: Geben Sie das Hühnchen in einen wiederverschließbaren Gefrierbeutel (und lassen Sie die Luft heraus, bevor Sie ihn verschließen). Wenn Sie das Fleisch im Gefrierbeutel klopfen, haben Sie nicht das Problem, dass die ganze Küche mit rohem Hühnersaft zugespritzt wird.

• Verwenden Sie keinen Messerrücken zum Klopfen des Hühnchens. (Denn die Klinge muss dann ja irgendwohin und könnte unangenehm in Ihrer Hand landen.) Ein Fleischklopfer ist das beste Werkzeug für diese Aufgabe, wenn Sie keinen haben, verwenden Sie einfach eine schwere Pfanne, ein Schneidebrett oder ein Nudelholz.

Ein guter Rhythmus bei der Zubereitung dieses Gerichts ist es, eine Ladung Hühnchen ins Waffeleisen zu geben und während diese brät, die zweite Runde zu panieren.

ZUTATEN

90 g Mehl

2 Eier (Größe L)

Scharfe Soße, z. B. Tabasco, nach Belieben

180 g Paniermehl

25 g geriebener Parmesan

Abrieb von 1 Zitrone

1 TL Salz

1 TL frisch gemahlener schwarzer Pfeffer

500 ml Marinara-Soße (siehe Seite 43, Schritte 1–5)

4 Hähnchenschnitzel, ohne Knochen und Haut (gesamt ca. 750 g)

Backtrennspray

60 g zerpflückter Mozzarella

Gemüse aus dem Waffeleisen (Rezept im Anschluss)

Frisches Basilikum

Achten Sie darauf, dass Sie beim Reiben der Zitrone nur die gelbe Schale abreiben, denn das Weiße darunter schmeckt sehr bitter. Wenn Sie es scharf mögen, können Sie mit der Tabasco-Soße großzügig umgehen.

1 Das Waffeleisen auf mittlere Temperatur vorheizen.

2 Mehl in eine Schüssel oder einen tiefen Teller geben. In einer zweiten Schüssel oder einem tiefem Teller die Eier mit ein paar Tropfen Tabasco verquirlen.

3 In einer dritten Schüssel oder einem tiefem Teller das Paniermehl mit Parmesan und Zitronenabrieb vermischen. ½ TL Salz und ½ TL Pfeffer hinzufügen.

4 Die Marinara-Soße in einem kleinen Topf bei mittlerer Hitze zum Köcheln bringen.

5 Ein Hähnchenschnitzel in einen wiederverschließbaren Gefrierbeutel geben, auf eine ebene Fläche legen und das Fleisch mit einem Schneidebrett, einer schweren Pfanne oder einem Nudelholz so lange flach drücken, bis es noch ca. 6 mm dick ist.

6 Das Fleisch aus dem Gefrierbeutel nehmen, auf ein sauberes Schneidebrett legen und mit Salz und Pfeffer bestreuen.

7 Schritte 5 und 6 mit den restlichen Hähnchenschnitzeln wiederholen.

8 Ein Hähnchenschnitzel im Mehl wenden, danach überschüssiges Mehl abschütteln. Das Fleisch von beiden Seiten durch das Ei ziehen und über der Schüssel abtropfen lassen. Das Hühnchen dann in der Paniermehlmischung wälzen und die Panade fest an das Fleisch drücken, damit sie hält. Das fertig panierte Schnitzel auf eine Platte legen und die restlichen Schnitzel panieren.

9 Beide Backflächen des Waffeleisens mit Backtrennspray einsprühen. Das Hühnchen auf das Waffeleisen legen, den Deckel schließen und ca. 4 Minuten garen, bis das Fleisch goldbraun ist.

10 Den zerpflückten Mozzarella auf die Schnitzel streuen, den Deckel für ca. 20 Sekunden schließen, damit der Käse schmilzt. Das Hühnchen aus dem Waffeleisen nehmen.

11 Pro Portion ca. 125 ml Marinara-Soße auf einen Teller geben und je ein Hähnchenschnitzel auf die Soße legen. Etwas zusätzliche Soße über das Fleisch gießen, mit dem Gemüse aus dem Waffeleisen anrichten und mit Basilikum garnieren.

Gemüse aus dem Waffeleisen

10 Minuten | Für 4 Portionen

1 Das Waffeleisen auf mittlere Temperatur vorheizen.

2 Die Zucchini und Paprika mit dem Olivenöl und dem Salz in einer großen Schüssel vermischen.

3 So viel Gemüse wie möglich auf das Waffeleisen geben, den Deckel schließen und so lange garen, bis die Zucchini weich, aber nicht matschig sind, ca. 4 Minuten.

4 Das Gemüse mit einer Silikonzange aus dem Waffeleisen nehmen und auf eine Servierplatte legen.

5 Schritte 3 und 4 mit dem restlichen Gemüse wiederholen.

ZUTATEN

- 2 Zucchini, mittelgroß (ca. 500 g), in ca. 1 cm dicke Scheiben geschnitten
- 1 rote Paprikaschote, groß (ca. 250 g), Stiel und Kerne entfernt und in ca. 0,5 cm breite Streifen geschnitten
- 2 EL Olivenöl Extra Vergine
- ¼ TL Salz

Fawaffel mit Hummus

Belgisches Waffeleisen oder Standardwaffeleisen	20 Minuten plus Einweichen der Kichererbsen über Nacht	Für 4 Portionen

Falafel aus dem Waffeleisen sind nicht nur viel gesünder als frittierte Falafel, sie sind auch unglaublich lecker, und es macht Spaß, die wunderbare Wortkreation Fawaffel auszusprechen.

HINWEIS:

Um bei diesem Gericht alles gemeinsam servieren zu können, sollten Sie den Hummus fertigstellen, während die Falafel im Waffeleisen garen.

Ich habe eigentlich immer Kichererbsen aus der Dose im Haus, um Hummus zuzubereiten oder Salate damit zu verfeinern, deswegen fände ich es praktisch, sie auch für Falafel zu verwenden. Da gibt es aber ein Problem: Sie sind zu weich und zu feucht für Falafel. Trockene Kichererbsen, die lange genug gewässert wurden, sind fester und fleischiger und lassen sich besser zu Falafel verarbeiten. Für Hummus eignen sich weiche Kichererbsen aber gut, sodass hier die Dosenvariante mehr Sinn macht.

Um unvergleichlich cremigen Hummus zu erhalten, sollte man die Kichererbsen schälen. Sie fragen sich sicher, ob das nicht mühsam ist. Ja, schon ein bisschen. Ist es denn notwendig? Nicht unbedingt. Es dauert 3–4 Minuten, um 95 Prozent der Schalen zu entfernen, und dann noch einmal ein paar Minuten, um die restlichen 5 Prozent herauszupicken und zu schälen. Ich höre meistens nach den ersten 3 oder 4 Minuten auf. Ob geschält oder nicht, auf jeden Fall müssen die Kichererbsen erst einmal ohne alle weiteren Zutaten verarbeitet werden, damit sie fein püriert werden können. Erst danach werden die weiteren Bestandteile hinzugefügt.

Die Falafel werden durch die Zugabe von Mehl etwas leichter und kuchenartiger. Wir verwenden aber nicht viel Mehl, und Sie können es auch ganz weglassen, wenn Sie mögen. Das Rezept funktioniert auch ohne wunderbar.

Wenn Sie die Falafel mit Pitabrot servieren, können Sie das Brot auch im Waffeleisen erwärmen. Es braucht nur 15 Sekunden, und Sie haben dann ein komplett gewaffeltes Gericht: Im Waffeleisen gewärmtes Pitabrot gefüllt mit Fawaffel, das mit einem Klecks supercremigem Hummus angerichtet und mit Tomaten, Gurken und Petersilie mit einem Spritzer Olivenöl gereicht wird.

1 Das Waffeleisen auf mittlere Temperatur vorheizen. Den Backofen auf niedrigster Stufe vorheizen.

2 Die eingeweichten Kichererbsen abtropfen lassen und mit der Zwiebel und dem Knoblauch in der Küchenmaschine mixen, bis sie gut zerkleinert, aber nicht vollständig püriert sind.

3 Petersilie, Olivenöl, Mehl, Salz, Kreuzkümmel, Koriander, Backpulver, schwarzen Pfeffer und Cayennepfeffer hinzufügen und fein pürieren.

4 Beide Backflächen des Waffeleisens mit Backtrennspray einsprühen. Pro Fawaffel ca. 60 ml der Mischung auf das Waffeleisen geben, dabei etwas Raum zwischen den einzelnen Portionen lassen, damit sich die Fawaffel ausbreiten können.

5 Den Deckel schließen und ca. 5 Minuten backen. Die Fawaffel aus dem Waffeleisen nehmen, wenn sie fertig gegart und gleichmäßig gebräunt sind.

6 Schritte 4 und 5 mit dem restlichen Falafelteig wiederholen.

7 Fertige Fawaffel im Ofen warm halten. Mit Hummus und Pitabrot anrichten.

ZUTATEN

- 200 g Kichererbsen, getrocknet, verlesen und über Nacht im Kühlschrank in Wasser eingeweicht
- ½ kleine Zwiebel, grob gehackt
- 3 Knoblauchzehen
- 15 g frische glatte Petersilie, gehackt
- 2 EL Olivenöl Extra Vergine
- 2 EL Mehl
- 1 TL Salz
- 1 TL gemahlener Kreuzkümmel
- ½ TL gemahlener Koriander
- ¼ TL Backpulver
- ¼ TL frisch gemahlener schwarzer Pfeffer
- ¼ TL Cayennepfeffer
- Backtrennspray
- Supercremiger Hummus (Rezept im Anschluss)
- 4 Pitabrot-Taschen

TIPPS

- Falafelmischung aus der Tüte? Ist absolut in Ordnung. Bereiten Sie die Mischung nach Packungsanleitung zu. Lassen Sie sie auf jeden Fall 15–30 Minuten quellen, damit die trockene Masse ausreichend feucht wird. Garen Sie sie dann wie oben beschrieben im Waffeleisen.

- Übrig gebliebener Falafelteig lässt sich in einer verschlossenen Dose mehrere Tage im Kühlschrank aufbewahren. Sie müssen ihn vor dem Backen nicht auf Raumtemperatur bringen – lassen Sie die Falafel einfach 1–2 Minuten länger garen.

ZUTATEN

1 Dose (450 g) Kichererbsen, abgetropft und abgespült

1 kleine Knoblauchzehe, gepresst

Salz

60 ml Olivenöl Extra Vergine

60 ml Tahini

2 EL Zitronensaft, frisch gepresst, ggf. mehr, falls benötigt

HINWEIS:

Sie können das Tahini durch cremige, ungesalzene Erdnussbutter ersetzen oder auch ganz weglassen. Wenn Sie weder Tahini noch Erdnussbutter verwenden möchten, verringern Sie die Menge des Zitronensafts auf 1 EL.

Supercremiger Hummus

20 Minuten | Für 4 Portionen

1 Die Kichererbsen schälen: Eine große Schüssel mit Wasser füllen, die Kichererbsen hineingeben und diese sanft rubbeln, sodass sich so viele Schalen wie möglich lösen. Die Schalen treiben an die Oberfläche, dort abschöpfen. Es ist nicht nötig, jede einzelne Erbse zu schälen, die widerspenstigen können so belassen werden, wie sie sind.

2 Die Kichererbsen in der Küchenmaschine oder mit dem Stabmixer grob pürieren.

3 Knoblauch, ¼ TL Salz, Olivenöl, Tahini und Zitronensaft hinzufügen und alles sehr fein pürieren. Abschmecken und wenn gewünscht mehr Salz oder Zitronensaft hinzufügen. Zum Erreichen der gewünschten Konsistenz immer 1 EL Olivenöl oder Wasser zugeben und mit dem Mixer unterheben.

4 Zu den Fawaffel servieren.

TIPP

Übrig gebliebener Hummus kann in einem verschlossenen Gefäß bis zu einer Woche im Kühlschrank aufbewahrt werden.

Bibimbaffel

Belgisches Waffeleisen oder Standardwaffeleisen | 20 Minuten | Für 2 Portionen

Bibimbap ist ein koreanisches Gericht aus verschiedenen Gemüsesorten und Fleisch, angerichtet auf einem Bett von gedämpftem Reis – der Reis wird dabei nicht im Waffeleisen zubereitet.

Die Idee für Bibimbaffel stammt von Matt Troost, den ich zum ersten Mal in einem Restaurant mit italienischer Speisekarte traf. Man hätte dort also eine Waffelpizza erwarten können. Doch er servierte uns koreanische Gerichte aus dem Waffeleisen.

Bei unserer Version liegen Kimchi und ein Ei auf Reis, der im Waffeleisen mit Gemüse-Banchan (eingelegtem Gemüse) zubereitet wurde. Die leicht nussige Süße des Reises trifft auf den starken Geschmack des Kimchi. Und die Schärfe der Chilipaste verschmilzt mit der wohltuenden Vertrautheit des Eigelbs.

Ist es für einige dieser Zutaten notwendig, in einen Asialaden zu gehen? Vielleicht. Sie können es aber auch wie Matt machen: Halten Sie das Gemüse, Sesamöl, Sojasoße, Kimchi und Gochujang einfach auf Vorrat, auch für schnelle, einfache Gerichte. Dann brauchen Sie nur noch zwei weitere Grundnahrungsmittel: Reis und Eier.

Egal, wie sehr Sie sich bemühen, kann es passieren, dass der Reis nicht in einem Stück aus dem Waffeleisen kommt – das ist aber kein Problem. Suchen Sie das beste Stück heraus und verwenden dieses für den oberen, unbedeckten Teil. Die anderen Reisstücke verstecken Sie einfach unter dem Kimchi, Gemüse oder Ei. Das muss ja keiner wissen.

TIPP

Sind Reste übrig? Verwenden Sie das Gemüse, Kimchi oder die Gochujang-Soße für Ihre nächste Gemüsepfanne.

1   Das Waffeleisen auf mittlere Temperatur vorheizen und mit einem Silikonpinsel beide Backflächen des Waffeleisens mit Sesamöl bestreichen.

2   100 g des gekochten Reises auf das Waffeleisen geben und gleichmäßig verteilen. Ungefähr die Hälfte des Gemüses daraufgeben und darauf weitere 100 g Reis verteilen.

3   Den Deckel des Waffeleisens schließen und das Gericht garen, bis der Reis knusprig ist, ca. 8 Minuten. Schritt 2 mit dem restlichen Reis und Gemüse wiederholen, das Waffeleisen, wenn nötig, noch einmal mit Sesamöl bestreichen.

4   Während Reis und Gemüse garen, das Ei braten: Eine antihaftbeschichtete Pfanne auf hoher Stufe erhitzen und darin ein Spiegelei ca. 1 Minute braten, bis es unten knusprig und oben noch weich ist. Das Ei aus der Pfanne nehmen und mit Salz und Pfeffer würzen. Mit dem zweiten Ei wiederholen. Wenn Sie auch das Ei im Waffeleisen zubereiten möchten, gehen Sie wie folgt vor:

Nachdem der Reis fertig gegart ist, die untere Backfläche des Waffeleisens erneut ölen. Die Eier vorsichtig in eine Schüssel aufschlagen, damit es einfacher ist, sie richtig auf dem Waffeleisen zu platzieren. Die Eier auf die untere, geölte Backfläche geben und den Deckel nicht schließen. So lange garen, bis das Eiweiß gestockt ist, ca. 1 Minute, dann noch etwas im Waffeleisen lassen, bis auch das Eigelb leicht zu stocken beginnt, ca. 1–2 Minuten. Die Eier mit einem Silikonspatel aus dem Waffeleisen nehmen, dabei zunächst die Ränder lösen und dann die Eier vorsichtig vollständig herausnehmen, indem der Spatel sie komplett von unten stützt. Mit Salz und Pfeffer würzen.

5   Auf einem Teller den knusprig gebratenen Reis anrichten, darauf je ein Spiegelei geben und mit einem Löffel Gochujang (wenn gewünscht auch mehr) garnieren. Einen großzügigen Löffel Kimchi als Beilage dazugeben. Mit ein oder zwei Spritzern Sojasoße würzen und servieren.

ZUTATEN

1 EL reines Sesamöl

400 g weißer Reis, gekocht

75 g Banchan (gemischtes koreanisches Gemüse), abgetropft, oder frisches gegartes Gemüse nach Wahl

2 Eier (Größe L)

Salz und frisch gemahlener schwarzer Pfeffer zum Abschmecken

Gochujang (scharfe koreanische Chilipaste) zum Abschmecken

75 g Kimchi (koreanischer eingelegter Kohl)

Sojasoße zum Darüberträufeln

HINWEIS:

Banchan (koreanische Beilagen) erhalten Sie in gut sortierten Asialäden. Sollten Sie keine koreanische Gemüsemischung finden, können Sie für das Rezept statt Banchan einfach Kimchi verwenden, oder fragen Sie in Ihrem Asialaden nach frisch eingelegtem Gemüse. Sehr lecker ist auch frisches gegartes Gemüse Ihrer Wahl, das Sie einfach in der Pfanne dünsten.

Mit Ahornsirup und Miso glasierter Lachs an Spargel

Belgisches Waffeleisen oder Standardwaffeleisen | 15 Minuten | Für 2 Portionen

Wählen Sie für dieses Gericht am besten Wildlachs, denn er besticht durch eine fleischigere Textur und ein intensiveres Aroma.

TIPP

Übrig gebliebene Misopaste können Sie vielseitig verwenden: als Suppenbasis; im Salatdressing mit einem neutralen Öl wie Rapsöl, ein bisschen Honig und etwas Sesamöl; oder mit Mayonnaise zur Herstellung eines leckeren Dips. Fügen Sie stets nur ein bisschen Miso hinzu und schmecken Sie während der Zubereitung immer wieder ab.

Der salzig-scharfe Geschmack der Misopaste und die Süße des Ahornsirups verleihen diesem Gericht ein vielschichtiges Aroma – und das mit nur wenig Aufwand.

Ich habe bei meinem ersten Versuch die Glasur auf den Lachs gestrichen, bevor er ins Waffeleisen kam, aber der Zucker im Ahornsirup verbrannte, der Knoblauch wurde zu stark geröstet, und es qualmte entsetzlich. Aber irgendwie musste sich die Glasur mit dem Fisch verbinden, also brauchte ich etwas Hitze. Die Lösung? Garen Sie den Lachs und glasieren ihn erst kurz bevor er fertig ist, sodass beides zusammen nur noch für eine Minute in das Waffeleisen kommt. Frischen Ingwer können Sie in einem wiederverschließbaren Gefrierbeutel im Kühlschrank aufbewahren, er hält sich dort gut einen Monat.

1 Ahornsirup, Miso, Essig, Sesamöl, Ingwer und Knoblauch in einer kleinen Schüssel mischen und die Mischung dann zur Seite stellen.

2 Das Waffeleisen auf hohe Temperatur vorheizen. Beide Backflächen des Waffeleisens mit Backtrennspray einsprühen.

3 Den Lachs (wenn er Haut hat: mit der Hautseite nach unten) auf das Waffeleisen legen und den Deckel schließen. Während der Fisch gart, den Spargel in eine Schüssel geben und mit Olivenöl, Salz und Pfeffer marinieren.

4 Nach 4 Minuten den Fisch prüfen, er sollte fast gar und an den Rändern nicht mehr durchscheinend sein. Wenn die Filets dicker als 1,5 cm sind oder Sie nicht sicher sind, ob der Fisch gar ist, mit einem kleinen, scharfen Messer den Lachs in der Mitte einschneiden. In der Mitte sollte er nur noch leicht glasig sein. Zur Prüfung mit einem Digitalthermometer: Bei 62 °C ist er medium, ich mag ihn lieber bei 57 °C.

5 Den Lachs mit einem Silikonpinsel mit der Glasur einpinseln, den Deckel schließen und garen, bis die Glasur am Fisch haftet, ca. 1 Minute.

6 Den Lachs aus dem Waffeleisen nehmen, den Spargel hineingeben und den Deckel schließen.

7 Den Spargel garen, bis er gerade weich wird, ca. 3 Minuten. Dünnere Stangen sind eher fertig. Jede Stange einzeln aus dem Waffeleisen nehmen, wenn sie gar ist.

8 Den Spargel mit dem Lachs anrichten. Wenn Glasur über ist, den Knoblauch daraus abseihen und die Glasur zum Essen reichen oder über den Fisch träufeln.

ZUTATEN

1 EL Ahornsirup

2 TL gelbe Misopaste

1 TL weißer Essig

1 TL reines Sesamöl

½ TL Ingwer, frisch gerieben

1 Knoblauchzehe, gepresst

Backtrennspray

2 Lachsfilets (à ca. 150 g), ca. 1,5 cm dick, mit oder ohne Haut

250 g grüner Spargel, gewaschen und unteres Ende abgeschnitten

60 ml Olivenöl Extra Vergine

Salz und frisch gemahlener schwarzer Pfeffer zum Abschmecken

VARIANTEN

• Verleihen Sie der Glasur mit ein paar Tropfen Chilipaste oder Tabasco mehr Würze.

• Ersetzen Sie die Misopaste durch die gleiche Menge Sojasoße.

Gewaffelter Calamari-Salat
mit Thai-Dressing

Standardwaffeleisen | 10 Minuten | Für 2 Portionen

Wenn ich vorführen möchte, dass Waffeleisen so viel mehr als Waffeln zubereiten können, geht das mit Tintenfisch sehr eindrucksvoll.

HINWEIS:

Ein Belgisches Waffeleisen kann verwendet werden, achten Sie aber darauf, den Tintenfisch so zu platzieren, dass er viele Waffelmarkierungen erhält.

Tintenfisch ist schnell gar, und die große Hitze des Waffeleisens ist perfekt für dessen Zubereitung geeignet. In der Liste der nachhaltigen Meeresfrüchte des Monterey-Bay-Aquariums hat Tintenfisch den Rang einer »guten Alternative«. Er ist außerdem nicht richtig teuer, besonders wenn man die Tiefkühlvariante kauft. (Tintenfisch, der nicht gefroren verkauft wird, war meistens vorher gefroren. Wenn Sie also vorausschauend planen, können Sie Geld sparen und direkt den gefrorenen kaufen.) Calamari werden meistens komplett geputzt verkauft, Schnabel und Tintenbeutel sind dabei bereits entfernt.

Die Thai-Küche versteht es, eine ausgewogene Balance zwischen süß, sauer, scharf und salzig zu finden. Dieses Rezept – mit Limettensaft, Zucker, Fischsoße und Chilischoten – ist das beste Beispiel dafür.

1 Das Waffeleisen auf hohe Temperatur vorheizen.

2 Beide Backflächen des Waffeleisens mit Backtrennspray

ZUTATEN

Backtrennspray

250 g geputzter Tintenfisch, davon Körper und Tentakel

½ kleine rote Zwiebel, dünn geschnitten

2 EL geröstete Erdnüsse, zerkleinert

Thai-Dressing (Rezept im Anschluss)

Koriander, vom Stiel gezupft, zum Garnieren

Thai-Chilischoten oder andere kleine Chilischoten zum Garnieren

HINWEIS:

Thai-Chilischoten sehen toll auf dem Teller aus, können aber sehr scharf sein. Es liegt an Ihnen, ob Sie sie verwenden, und erst recht, ob Sie sie auch essen.

einsprühen. Den Tintenfisch nicht zu eng aneinander auf das Waffeleisen legen, den Deckel schließen und garen, bis die Calamari nicht mehr durchsichtig sind, ca. 2 Minuten.

3 Wenn der Tintenfisch gar ist, auf einem Schneidebrett etwas auskühlen lassen, die Körper dann in ca. 2,5 cm breite Streifen schneiden. Die Tentakel im Ganzen belassen.

4 Die Calamari auf einem Teller mit den Zwiebelringen anrichten und die zerkleinerten Erdnüsse darüberstreuen. Darauf das Thai-Dressing träufeln. Mit Koriander und Chilischoten anrichten.

Thai-Dressing

Den Limettensaft in einer kleinen Schüssel mit der Fischsoße, Chiliflocken, Zucker und Salz verrühren und beiseitestellen.

ZUTATEN

2 EL Limettensaft

2 EL Fischsoße

1 TL Chiliflocken

1 TL Zucker

1 Prise Salz

TIPP

Übrig gebliebene Fischsoße? Geben Sie einen Spritzer davon in Ihre Tomaten- oder Marinara-Soße. Das verleiht der Soße einen reicheren Geschmack und eine leichte, angenehm salzige Note.

Salade niçoise mit gewaffeltem Thunfisch

Belgisches Waffeleisen oder Standardwaffeleisen | 45 Minuten | Für 2 Portionen

Dies ist eine leichte Mahlzeit, ideal für Sommerabende.

Dieses Gericht ist absolut flexibel. Wenn Sie eine der Zutaten nicht zur Hand haben, lassen Sie sie einfach weg. Das macht überhaupt nichts.

Sie können die Zutaten dieses Salats auch als Basis für andere Gerichte verwenden. Kochen Sie mehrere Eier, sie halten sich ungeschält im Kühlschrank ca. eine Woche. Kochen Sie mehr Kartoffeln, die sich im Kühlschrank auch mehrere Tage halten. Sie können damit schnell Kartoffelpuffer zaubern.

Viele Bestandteile dieses Gerichts können Sie am Vortag zubereiten. Dann müssen Sie nur noch den Thunfisch im Waffeleisen braten und den Salat anrichten.

Oh, lassen Sie uns das Problem, an das Sie sicher gerade denken, ruhig ansprechen – den Fisch im Waffeleisen. Ja, Sie werden Ihr Waffeleisen zum Zubereiten von Fisch benutzen. Der Thunfisch bleibt dabei intakt, und das Waffeleisen wird bei diesem Kochvorgang überhaupt nicht schmutzig. Trotzdem sollten Sie es gründlich säubern, bevor Sie Ihr Frühstück darin zubereiten.

1 Eier kochen: Die Eier in einen kleinen Topf geben und diesen zu 2/3 mit Wasser füllen. Das Wasser bei mittlerer Hitze zum Kochen bringen, Topf vom Herd nehmen und mit einem Deckel verschließen. 10 Minuten stehen lassen. Die Eier dann unter kaltem Wasser 1 Minute abschrecken und zur Seite stellen.

2 Die Brechbohnen blanchieren: Einen kleinen Topf mit Salzwasser zum Kochen bringen, Bohnen für 30 Sekunden hineingeben. Die Bohnen herausnehmen und in Eiswasser legen, um den Kochvorgang zu stoppen. Nach 1 Minute die Bohnen aus dem Eiswasser nehmen und zur Seite stellen.

3 Die Kartoffeln kochen: Kartoffeln in einen kleinen Topf geben und mit mindestens 2 cm Wasser bedecken. Eine gute Prise Salz ins Wasser geben und bei mittlerer Hitze zum Kochen bringen. Wenn das Wasser kocht, die Hitze reduzieren und die Kartoffeln 10 Minuten köcheln lassen. Sie sind fertig, wenn sie sich leicht mit einem Messer durchstechen lassen. Kartoffeln aus dem Wasser nehmen, in einem Sieb abtropfen und abkühlen lassen.

4 Das Waffeleisen auf hohe Temperatur vorheizen. Beide Backflächen des Waffeleisens mit Backtrennspray einsprühen.

5 Die Thunfischsteaks auf das Waffeleisen legen, so weit wie möglich vom Gelenk entfernt. (Dadurch schließt der Deckel gleichmäßiger auf dem Fisch.) Den Deckel schließen.

6 Während der Thunfisch gart, Blattsalat auf einem Servierteller anrichten. Die Eier schälen, in Scheiben schneiden oder vierteln und auf dem Salat drapieren. Brechbohnen, Kartoffeln, Oliven und Tomaten gleichmäßig über dem Salat verteilen.

ZUTATEN

2 Eier (Größe L)

75 g Brechbohnen, Enden abgeschnitten

4 Frühkartoffeln, halbiert

Salz

Backtrennspray

1 frisches Thunfischsteak (ca. 250 g)

225 g Blattsalat, gewaschen

40 g schwarze Oliven, wie Niçoise oder Kalamata, entsteint oder in Scheiben

100 g Cherrytomaten oder Cocktailtomaten, ganz oder halbiert

Frisch gemahlener schwarzer Pfeffer

Dijon-Vinaigrette (Rezept im Anschluss)

HINWEIS:
Die ersten drei Schritte können Sie im Voraus erledigen, in einem Zeitraum von 2 Tagen bis einige Stunden vorher. Legen Sie die Eier, Bohnen und Kartoffeln einfach in den Kühlschrank, bis Sie sie verwenden.

7   Den Thunfisch prüfen. Ein 2 cm dickes Thunfischsteak sollte nach ca. 6 Minuten durchgebraten sein. Es sollte innen nicht mehr rosa sein. Wenn gewünscht, den Fisch einmal halbieren, um zu prüfen, ob er noch rosa ist. Ein Hauch rosa ist okay, es sei denn, Sie bevorzugen ihn ganz durchgebraten. (Bei einer Kerntemperatur von 62 °C ist er durchgebraten, ich bevorzuge ihn eher bei 52 °C.)

8   Den Thunfisch aus dem Waffeleisen nehmen und in ca. 1,5 cm dicke Streifen schneiden. Die Streifen auf dem Salat anrichten, dabei sollten die Waffelmarkierungen nach oben zeigen.

9   Salz und Pfeffer auf den Salat streuen und ein wenig Vinaigrette darübergeben. Die restliche Vinaigrette am Tisch dazu reichen.

ZUTATEN

125 ml Olivenöl Extra Vergine

2 TL weißer Essig

½ TL Dijon-Senf

Salz und frisch gemahlener schwarzer Pfeffer zum Abschmecken

Dijon-Vinaigrette

Das Olivenöl, den Essig und den Senf in einer kleinen Schüssel verrühren, bis alles gut verbunden ist. (Oder die Zutaten in einer Dose mit Deckel schütteln.) Abschmecken und nach Belieben Salz und Pfeffer hinzugeben.

Kapitel 4

Snacks, Beilagen und Häppchen

Hähnchensticks

Belgisches Waffeleisen oder Standardwaffeleisen | 30 Minuten | Für 4 Portionen

Und Sie dachten, normale Hähnchensticks wären bei Kindern beliebt ...

ZUTATEN

90 g Mehl

2 Eier (Größe L)

Scharfe Soße, z. B. Tabasco, nach Belieben

180 g Paniermehl

25 g geriebener Parmesan

Abrieb von 1 Zitrone

1 TL Salz

1 TL frisch gemahlener schwarzer Pfeffer

750 g Hähnchenschnitzel

Backtrennspray

Dips (Rezepte im Anschluss)

Ein Rezept zu finden, das man für zwei Gerichte verwenden kann, ist ein Glücksfall. Aus dem Parmesan-Hühnchen von Seite 58 werden mit ein paar weiteren Zutaten leckere Hähnchensticks. Die Zubereitung der Dips ist so einfach, dass man problemlos zwei verschiedene Dips zaubern kann.

1   Das Waffeleisen auf mittlere Temperatur vorheizen.

2   Das Mehl in eine Schüssel oder einen tiefen Teller geben. In einer zweiten Schüssel die Eier mit ein paar Tropfen Tabasco verquirlen.

3   In einer dritten Schüssel das Paniermehl mit Parmesan und Zitronenabrieb vermischen. ½ TL Salz und ½ TL Pfeffer hinzufügen.

4   Ein Hähnchenschnitzel in einen wiederverschließbaren Gefrierbeutel geben, auf eine ebene Fläche legen und das Fleisch mit einem Schneide-brett, einer schweren Pfanne oder einem Nudelholz flach drücken. So lange klopfen, bis es noch ca. 5 mm dick ist. Das Hühnchen aus dem Gefrierbeutel nehmen und in ca. 2,5 cm breite Streifen schneiden. Mit den restlichen Hähnchenschnitzeln wiederholen.

5   Die Hähnchensticks mit dem jeweils restlichen ½ TL Salz und Pfeffer würzen. Die Sticks nacheinander in Mehl wenden, danach überschüssiges Mehl abschütteln. Dann in die Schüssel mit dem Ei geben und darin wenden, sodass sie komplett mit Ei umhüllt sind.

6 Überschüssiges Ei über der Schüssel abtropfen lassen. Das Hühnchen dann in der Paniermehlmischung wälzen und die Panade fest andrücken, damit sie hält.

7 Beide Backflächen des Waffeleisens mit Backtrennspray einsprühen.

Die Hähnchensticks auf das Waffeleisen legen, den Deckel schließen und ca. 4 Minuten garen, bis das Fleisch goldbraun ist.

8 Das Hühnchen aus dem Waffeleisen nehmen und mit den Dips Ihrer Wahl servieren.

ZUTATEN

60 g Mayonnaise

2 EL Honig

1 EL Dijon-Senf

Honig-Senf-Dip

Die Mayonnaise mit dem Honig und dem Senf in eine kleine Schüssel geben und gut verrühren.

ZUTATEN

60 g Mayonnaise

¼ TL scharfe Soße, z. B. Tabasco (oder eine andere Soße Ihrer Wahl)

Scharfer Mayonnaise-Dip

Die Mayonnaise mit der scharfen Soße in eine kleine Schüssel geben und gut verrühren. Abschmecken und eventuell mehr scharfe Soße hinzufügen.

Grünkohlchips mit Sesamaroma

Belgisches Waffeleisen oder Standardwaffeleisen | 30 Minuten | Für 2 Portionen

Ich war mir nicht sicher, ob dieses Rezept funktionieren würde, und das will schon etwas heißen, wenn man bedenkt, was ich schon alles im Waffeleisen ausprobiert habe.

Denken Sie einmal ein paar Jahre zurück ... Hatten Sie da schon mal was von Grünkohl gehört? Vielleicht schon. Aber war er in den Supermärkten ein Renner? Nein.

Grünkohl ist eines dieser Kohlgemüse, die die Speisekarten im Sturm erobert haben. Er hat größeren Anklang gefunden, als Weißkohl es je geschafft hat. Ich mag Grünkohl, aber es ist immer ein bisschen schwierig, neue Gemüsesorten in die Essensroutine einzubinden. Grünkohlchips sind dafür genau richtig. Die Grünkohlblätter werden im Waffeleisen herrlich knusprig und durch das Wabenmuster leicht gekräuselt.

In den krausen Blättern des Grünkohls sammelt sich leicht Schmutz, deswegen muss er gründlich gewaschen werden. Man sollte ihn auch gut trocknen, da er sonst im Waffeleisen dampft und nicht knusprig wird. Dafür eignet sich eine Salatschleuder wunderbar. Manche Supermärkte bieten bereits praktisch abgepackten, schon gewaschenen und verlesenen Grünkohl an. Das Gemüse kocht beträchtlich ein, verwenden Sie deshalb mehr, als Sie zunächst denken.

Sesamöl gibt es als geröstetes und ungeröstetes Öl. Für dieses Rezept sind beide geeignet. Reines Sesamöl ist sehr kräftig, daher wird es manchmal verdünnt verkauft. Wenn Sie unverdünntes Sesamöl zu Hause haben, können Sie es mit einem neutralen Öl verdünnen.

1 Das Waffeleisen auf mittlere Temperatur vorheizen.

2 Den Grünkohl in einer großen Schüssel mit dem Öl vermischen.

3 So viel Grünkohl wie möglich auf das Waffeleisen legen, die Backfläche komplett bedecken. Wenn etwas überlappt, ist das in Ordnung, Sie müssen nicht darauf achten, dass nur eine Lage aufliegt. Der Kohl schrumpft beträchtlich, er muss daher nicht flach auf dem Waffeleisen liegen. Der Waffeleisendeckel drückt ihn flach.

4 Den Deckel für 30 Sekunden schließen, dann öffnen und den Grünkohl gleichmäßig umverteilen. Deckel wieder schließen. Nach 8 Minuten den Kohl prüfen. Einige Stücke können vor den anderen fertig sein. Diese herausnehmen und auf einen Teller legen. Es kann bis zu 15 Minuten dauern, bis der Grünkohl knusprig und chipsartig wird.

5 Schritte 3 und 4 mit dem restlichen Grünkohl wiederholen.

6 Mit Salz bestreuen und servieren.

ZUTATEN

1 Strunk Grünkohl, gewaschen und gut getrocknet, Blätter vom Strunk entfernt

2 TL verdünntes Sesamöl oder neutrales Öl, wie Rapsöl oder Traubenkernöl, vermischt mit ein paar Tropfen reinen Sesamöls

Grobes Salz zum Abschmecken

HINWEIS:

Sie können krausen oder glatten Grünkohl verwenden.

VARIANTEN

Verwenden Sie ein neutrales Öl wie Rapsöl oder Traubenkernöl in Schritt 2 und bestreuen Sie die fertigen Grünkohlchips wahlweise mit:

- Gewürzsalz
- Kreuzkümmel
- geräuchertem Paprikapulver
- Zitronenpfeffer
- Chilipulver mit einem Spritzer Limone
- Sesamsamen

Gewaffelte Pommes

Belgisches Waffeleisen oder Standardwaffeleisen | 10 Minuten | Für 4 Portionen

Ich kann von diesen Pommes Mengen essen, die ich nicht gerne zugebe.

Pommes in Waffeloptik gibt es bereits: Griddies. Deshalb ging es nicht darum, diese neu zu erfinden, sondern echte Waffelpommes zu kreieren.

Aus früheren Experimenten mit Kartoffelpuffern habe ich einige Dinge gelernt. Erstens: Wenn man rohe Kartoffeln im Waffeleisen zubereitet, geht das nur, wenn die Kartoffeln ganz dünn geschnitten sind – aber das wollen wir hier ja nicht.

Also näherte ich mich diesem Rezept zunächst über gekochte Kartoffeln. Aber wie sollten sie gekocht werden? Ich versuchte es mit leicht vorgegarten Ofenkartoffeln, die dann ins Waffeleisen kamen. Das Ergebnis waren viel zu feste Pommes, sie waren so kompakt, dass sie kaum Waffelmarkierungen annahmen. Als Nächstes nahm ich komplett durchgegarte Ofenkartoffeln, die nur leicht abgekühlt waren. Diese gaben besser nach, aber sie schmeckten wie Ofenkartoffeln und sahen aus wie Ofenkartoffeln, die einfach nur im Waffeleisen gebacken worden waren.

Ich brauchte aber etwas, das außen knusprig und innen weich – aber nicht matschig – werden sollte.

Da dachte ich an Kartoffelflocken aus der Tüte.

Traditionell hergestelltes Kartoffelpüree wäre zu matschig. Deshalb gab ich weniger Wasser als in der Anleitung beschrieben zu dem Pulver. Ich war auf dem richtigen Weg. Aber die Pommes waren nicht so knusprig und braun, wie ich sie haben wollte. Ich gab etwas Butter hinzu. Noch ein bisschen mit dem Kartoffelpulver-Wasser-Verhältnis experimentiert und voilà! Die direkte Hitze des Waffeleisens sorgt für ein knuspriges Äußeres der Waffelpommes, und das leicht feuchte, kartoffelige Innere ist erstaunlich nah dran an perfekt frittierten Pommes frites.

1 Das Waffeleisen auf hohe Temperatur vorheizen. Beide Backflächen des Waffeleisens mit Backtrennspray einsprühen.

2 Die geschmolzene Butter, Wasser und Salz in einer Schüssel verrühren. Die Kartoffelflocken hinzugeben und gut durchrühren. Etwas ruhen lassen, während das Waffeleisen aufheizt. Die Mischung wird ziemlich zäh.

3 Pro Waffelpommes einen Esslöffel der Mischung auf das Waffeleisen geben. So viel von der Mischung verwenden, wie auf die Backfläche passt, den Deckel schließen und backen, bis die Pommes dunkelgoldbraun sind, ca. 3 Minuten. Die Fritten herausnehmen und den Vorgang so lange wiederholen, bis die komplette Mischung aufgebraucht ist, dabei das Waffeleisen zwischendurch gegebenenfalls nochmals mit Backtrennspray einsprühen.

4 Die gewaffelten Pommes mit Ketchup oder Mayonnaise servieren.

ZUTATEN

Backtrennspray

4 EL Butter, geschmolzen

250 ml Wasser

½ TL Salz

200 g Kartoffelflocken oder Kartoffelpüreepulver

Ketchup oder Mayonnaise zum Anrichten

Caprese mit gewaffelter Aubergine

| Belgisches Waffeleisen oder Standardwaffeleisen | 40 Minuten, inkl. 30 Minuten für das Pökeln der Aubergine | Für 2 Portionen |

Auberginen und Tomaten sind zwei der schönsten Geschenke des Sommers.

Ich habe dieses Rezept schon mit gesalzenen und ungesalzenen Auberginen probiert. Wenn man sie salzt, nimmt dies etwas von der Feuchte und Bitterkeit der Aubergine, der größte Unterschied ist aber offensichtlich: Die gesalzene Aubergine ist intensiver im Geschmack als die ungesalzene, selbst nachdem das Salz abgewaschen ist. Das Einsalzen lohnt sich also, wenn Sie es zeitlich einrichten können. Wenn Sie in Eile sind, überspringen Sie diesen Schritt und nehmen Sie lieber eine kleinere Aubergine, weil diese normalerweise nicht so bitter sind. Es ist außerdem sinnvoll, den Käse aus der Kühlung zu nehmen, damit er auf Raumtemperatur kommt, während Sie die Aubergine salzen.

ZUTATEN

1 kleine Aubergine, in ca. 1 cm dicke Scheiben geschnitten

Grobes Salz oder Meersalz und frisch gemahlener schwarzer Pfeffer zum Abschmecken

2 reife Tomaten, mittelgroß

125 g Mozzarella

60 ml Olivenöl Extra Vergine + etwas Olivenöl zum Anrichten

1 großer Bund Basilikum, gewaschen und getrocknet, ohne Stiele

1 Die Auberginenscheiben auf eine Lage Küchenpapier legen und von beiden Seiten großzügig mit Salz bestreuen. 30 Minuten pökeln lassen.

2 In der Zwischenzeit die Tomaten und den Mozzarella in Scheiben schneiden.

3 Das Waffeleisen auf hohe Temperatur vorheizen.

4 Die Auberginenscheiben unter kaltem Wasser abspülen, um das Salz zu entfernen. Die Scheiben trockentupfen. Beide Seiten der Scheiben mit Olivenöl einpinseln.

5 Die Auberginenscheiben auf das Waffeleisen legen, den Deckel schließen und garen, bis die Auberginen weich und durchgegart sind, ca. 4 Minuten.

6 Die Auberginenscheiben aus dem Waffeleisen nehmen und mit den Tomaten- und Mozzarellascheiben schichtweise auf einem Servierteller anrichten. Die Basilikumblätter über den Salat streuen. Mit Olivenöl besprenkeln und mit Salz und Pfeffer würzen.

VARIANTEN

• Servieren Sie den Salat mit roten Zwiebelringen, Oliven und Kapern.

• Um den Salat noch farbenfroher zu machen, können Sie Tomatensorten in verschiedenen Farben verwenden.

Waffeltons

Wenn Sie erst einmal damit anfangen, Waffeln in Ihren Salat zu geben, sind Sie ein echter Waffelfan.

Es gibt zwei Möglichkeiten, um gewaffelte Croutons herzustellen: Verwenden Sie übrig gebliebene Waffeln und machen Sie daraus im Ofen Croutons, oder nehmen Sie Brotwürfel (wie im Foto) und machen Sie daraus im Waffeleisen Croutons.

Ich kann Ihnen versichern, dass beide Methoden zu großartigen Ergebnissen führen. Die meisten Waffeln haben eine dezente Süße. Wenn diese mit der Würze von Parmesan, Knoblauch und Pfeffer zusammenkommt, entsteht eine sehr ausgewogene, schmackhafte Kombination. Diese köstliche Zusammenstellung funktioniert auch mit einfachem Brot sehr gut. Bei den Brotsorten sind Ihnen keine Grenzen gesetzt. Brioche ergibt vollmundige, etwas süße Croutons. Kastenweißbrot oder Toast ist eher neutral im Geschmack. Sie können auch Baguette verwenden, sollten für die Croutons aber die Brotkruste abschneiden.

HINWEIS:
Ein Belgisches Waffeleisen mit größeren Rillen erzeugt Croutons mit tieferen Markierungen.

1 Bei Verwendung von Brot das Waffeleisen auf mittlere Temperatur vorheizen. Bei Verwendung von Waffeln den Backofen auf 230 °C vorheizen.

2 Den Knoblauch mit einem Messerrücken zerdrücken. Knoblauch und Brot- oder Waffelwürfel in einer mittelgroßen Schüssel mit Öl, Käse, Salz und Pfeffer verrühren. 5 Minuten ziehen lassen, durchschütteln und weitere 5 Minuten ziehen lassen.

3 Bei der Verwendung von Brot: Die getränkten Brotwürfel in das vorgeheizte Waffeleisen geben, den Deckel schließen und 5 Minuten braten, dann prüfen. Die gewaffelten

Croutons sind gut, wenn sie größtenteils goldbraun sind, wobei die Waffelmarkierungen dunkler sein können.
Bei der Verwendung von Waffeln: Die getränkten Waffelwürfel auf ein Backblech oder in eine gusseiserne Pfanne geben und in den vorgeheizten Ofen schieben. 10 Minuten backen, nach der Hälfte der Zeit die Würfel mit einem Spatel wenden und während der letzten 3 Minuten beobachten, damit sie nicht anbrennen. Sie sollten satt goldbraun sein, die Ecken dürfen auch dunkler werden.

4 Die Croutons auf Ihrem Lieblingssalat anrichten oder auf eine Tomatensuppe streuen.

ZUTATEN

3 dicke Scheiben Brot oder 2 belgische Waffeln, in Würfel geschnitten

2 Knoblauchzehen

125 ml Olivenöl Extra Vergine

1 EL geriebener Parmesan

1 Prise Salz

¼ TL frisch gemahlener schwarzer Pfeffer

VARIANTEN

• Fügen Sie ¼ TL getrockneten Oregano und ¼ TL getrocknetes Basilikum zu der Ölmischung in Schritt 2 hinzu.

• Ersetzen Sie den Parmesan durch eine gleiche Menge Asiago- oder Pecorino-Käse.
• Fügen Sie ¼ TL Chiliflocken zum Olivenöl hinzu.

Pajeon aus dem Waffeleisen

Belgisches Waffeleisen oder Standardwaffeleisen | 10 Minuten | Für 4 Portionen

Kochen Sie dieses Gericht zunächst einfach mal. Wenn Sie es mögen, können Sie für das nächste Mal eine der Zutaten selbst ziehen.

Für dieses Rezept benötigen Sie nur die grünen Teile der Frühlingszwiebeln. Ich verrate Ihnen daher ein wohlgehütetes Geheimnis: Frühlingszwiebeln wachsen – und das sogar richtig gut –, wenn Sie das untere weiße Ende (ca. 5 cm) mit den Wurzeln nach unten in ein Glas stellen, das mit ca. 2,5 cm Wasser befüllt ist. Stellen Sie das Glas auf eine Fensterbank oder an einen anderen Platz, wo es etwas Sonne bekommt. Es wird eine ganze Weile dauern, bis Sie wieder Frühlingszwiebeln kaufen müssen.

Der Dip wird mit geröstetem Sesam verfeinert. Sesam können Sie bereits in gerösteter Form kaufen. Ihn selbst zu rösten ist auch nicht schwer, kann aber zu einem Drahtseilakt werden – denn aus perfekt geröstetem wird schnell ziemlich verbrannter Sesam.

Um Sesam zu rösten, stellen Sie eine kleine Pfanne bei mittlerer Hitze auf den Herd und geben die Sesamsamen in die gut erhitzte, trockene Pfanne. Schwenken Sie die Pfanne zwischendurch immer wieder, damit die Sesamkörner bewegt werden. Sie brauchen ca. 2 Minuten. Wenn die Sesamkörner angenehm duften und beginnen, braun zu werden, nehmen Sie sie aus der Pfanne und breiten sie auf einem Teller aus, damit sie abkühlen können.

ZUTATEN

120 g Mehl

1½ TL Zucker

1 TL Salz

250 ml Wasser

10 Frühlingszwiebeln, gewaschen und getrocknet

Backtrennspray

Sesam-Soja-Dip (Rezept im Anschluss)

I Das Waffeleisen auf mittlere Temperatur vorheizen.

2 Mehl, Zucker und Salz in einer mittelgroßen Schüssel mischen, das Wasser zugeben und gut verrühren.

3 Die weißen Enden der Frühlingszwiebeln abschneiden. (Für die weitere Verwendung dieser Wurzelenden siehe oben.) Die Spitzen ebenfalls kürzen, wenn sie struppig oder welk sind. Die Frühlingszwiebeln in Streifen schneiden, deren Länge ca. der einer Sektion des Waffeleisens entspricht.

4 Beide Backflächen des Waffeleisens mit Backtrennspray einsprühen. Eine kleine Handvoll Frühlingszwiebeln auf dem Waffeleisen verteilen. Für eine ansprechende Optik die Frühlingszwiebeln genau auf die Abschnitte des Waffeleisens verteilen und dort kreuzweise anordnen. Ca. 60 ml des Teigs auf das Waffeleisen gießen und den Deckel schließen.

5 So lange garen, bis der Teig gestockt ist und die Frühlingszwiebeln durchgegart sind, ca. 4 Minuten. Zum Testen, ob sie gar ist, kann eine Frühlingszwiebel mit der Spitze eines scharfen Messers angestochen werden.

6 Den Pajeon aus dem Waffeleisen nehmen und Schritte 4 und 5 mit den restlichen Frühlingszwiebeln und dem restlichen Teig wiederholen.

7 Mit dem Sesam-Soja-Dip servieren.

VARIANTEN

Gewaffelter Pajeon kann auch mit anderen Gemüsesorten zubereitet werden. Schneiden Sie Zucchini oder Möhren in Streifen von der Dicke eines Streichholzes und verwenden diese anstelle der Frühlingszwiebeln.

ZUTATEN

2 EL Sojasoße

1 EL Reisweinessig

1 EL Honig

1 TL geröstete Sesamsamen

Sesam-Soja-Dip

Sojasoße, Essig, Honig und die Sesamkörner in einer kleinen Schüssel verrühren, bis alles gut verbunden ist, dann zur Seite stellen.

Walloumi mit Wassermelone

Belgisches Waffeleisen oder Standardwaffeleisen | 15 Minuten | Für 4 Portionen

Gegrillter Käse – absolut lecker!

Halloumi ist ein Grillkäse, dem Brot nicht wirklich in die Quere kommt – denn man braucht gar kein Brot. Nur den Käse, der gegrillt wird. Oder besser gesagt: gewaffelt. Halloumi hat einen hohen Schmelzpunkt und behält daher im Waffeleisen seine Form – nur dass er natürlich ausgeprägte Waffelvertiefungen erhält.

Kennen Sie den Küchenklassiker, Wassermelonen mit Salz oder Schinken anzurichten? In dieser Variante verleihen Sie der Melone den salzigen Geschmack durch den gewaffelten Käse, das ergibt optisch sehr ansprechende Snacks oder Appetithäppchen.

ZUTATEN

250 g Halloumi, in 8 Scheiben geschnitten

1 kleine kernlose Wassermelone

Olivenöl Extra Vergine zum Beträufeln

Salz und frisch gemahlener schwarzer Pfeffer zum Abschmecken

TIPP

Der finnische Käse Leipäjuusto (auch Juustoleipä) hat ähnliche Eigenschaften wie Halloumi und kann an seiner Stelle ebenfalls für dieses Rezept verwendet werden.

1 Das Waffeleisen auf mittlere Temperatur vorheizen.

2 Die Wassermelone in 8 Keile à ca. 1 cm schneiden – jeder Melonenteil sollte so groß sein, dass ein Teil des gewaffelten Käses darauf passt. Wenn gewünscht, die Schale entfernen oder für eine farbenfrohe Optik an der Melone belassen. Die Wassermelonenstücke zur Seite stellen.

3 Die Käsescheiben auf das Waffeleisen geben und den Deckel schließen.

4 2 Minuten garen, dann prüfen. Der Käse ist fertig, wenn er Waffelmarkierungen hat und größtenteils goldbraun ist.

5 Anrichten: Je ein Stück gewaffelten Käse auf einen Wassermelonenkeil legen, mit Olivenöl beträufeln und mit Salz und Pfeffer würzen.

Zucchini-Parmesan-Puffer

| Belgisches Waffeleisen oder Standardwaffeleisen | 40 Minuten, inkl. 30 Minuten für das Entwässern der Zucchini | Für 4 Portionen |

Wenn Sie Ihrem Gemüse etwas Pep verleihen möchten, ist dies das richtige Rezept für Sie.

Im Hochsommer wachsen Zucchini in einigen Gärten wie Unkraut. Bei uns hat es sich mittlerweile zu einem regelrechten Spiel entwickelt, das Gemüse möglichst gut zu tarnen und nichts ahnenden (oder in meinem Fall: ahnungsvollen) Freunden und Verwandten vorzusetzen.

Hier hat das Waffeleisen seinen großen Auftritt. Denn selbst Gäste, die keine Lust mehr auf Zucchini haben, verputzen diese Puffer ganz begierig. Die Zucchini-Reibekuchen sind außerdem schnell gemacht.

Sie erhalten eine festere Masse, die besser zusammenhält, wenn Sie überschüssige Flüssigkeit aus den Zucchini drücken. Überspringen Sie diesen Schritt daher nicht, wenn Sie in Eile sind, können Sie die Zeit hierfür halbieren.

ZUTATEN

300 g geraspelte Zucchini (ca. 2 mittelgroße Zucchini)

½ TL Salz

1 Ei (Größe L)

60 ml Milch

50 g geriebener Parmesan

60 g Mehl

¼ TL frisch gemahlener schwarzer Pfeffer

Backtrennspray

I Die Zucchini in ein Sieb oder einen Seiher geben und mit ¼ TL Salz bestreuen. 30 Minuten stehen lassen. Danach gut mit kaltem Wasser abspülen. Ausdrücken, um überschüssige Flüssigkeit zu entfernen, dann mit Küchentüchern oder einem sauberen, fusselfreien Geschirrtuch trocknen.

VARIANTEN

- Anstelle der Zucchini können Sie auch fein gehackten Brokkoli oder geriebene Möhren verwenden.
- Den Parmesan können Sie durch die gleiche Menge an geriebenem Cheddar oder Asiago ersetzen.
- Fügen Sie ½ TL Zwiebel- oder Knoblauchpulver zusätzlich zum Salz und Pfeffer in Schritt 4 hinzu.

2 Das Waffeleisen auf mittlere Temperatur vorheizen. Den Backofen auf niedrigster Stufe vorheizen.

3 Das Ei in einer großen Schüssel aufschlagen, die Milch und 25 g Parmesan zugeben und gut verrühren.

4 Mehl, ¼ TL Salz und den Pfeffer in einer kleinen Schüssel vermischen. In die große Schüssel mit der Eimischung geben, die Zucchini beifügen und verrühren, bis alles gut verbunden ist.

5 Beide Backflächen des Waffeleisens mit Backtrennspray einsprühen. Die Zucchinimasse esslöffelweise als runde Klekse auf das Waffeleisen geben, dabei etwas Platz dazwischen lassen, da sich die Reibekuchen ausbreiten. Den Deckel schließen.

6 So lange backen, bis die Masse leicht gebräunt und durchgegart ist, ca. 3 Minuten. Die Puffer aus dem Waffeleisen nehmen.

7 Schritte 5 und 6 mit der restlichen Masse wiederholen. Die fertigen Zucchini-Puffer im Ofen warm halten.

8 Zum Anrichten die Reibekuchen mit den restlichen 25 g Parmesan betreuen.

Arancini mit köstlicher Käsefüllung

Belgisches Waffeleisen oder Standardwaffeleisen | 30 Minuten | Für 4 Portionen, ergibt 8 Arancini

Das knusprige Äußere umschließt ein schmelzig-würziges Inneres.

Arancini sind frittierte Reisbällchen, die außen knusprig sind und eine kleine Überraschung im Inneren bereithalten. Wenn man sie im Waffeleisen zubereitet, sind sie innen wie außen überraschend.

Dieses Rezept haucht übrig gebliebenem Reis neues Leben ein – es ist aber so gut, dass es sich lohnt, extra dafür Reis zu kochen. Wenn Sie den Reis für dieses Gericht frisch kochen, lassen Sie ihn am besten einige Stunden im Kühlschrank abkühlen, bevor Sie ihn für das Rezept verwenden.

1 Das Waffeleisen auf mittlere Temperatur vorheizen. Den Backofen auf niedrigster Stufe vorheizen.

2 Den Reis, Parmesan, Salz, Pfeffer und 1 Ei in einer Schüssel verrühren, bis alles gut verbunden ist.

3 Mit nassen Händen die Reisbällchen formen, dafür jeweils eine kleine Menge der Reismischung nehmen, zu einer festen Kugel formen und ein Stück Mozzarella in die Kugel drücken. Der Käse sollte komplett von Reis umschlossen sein. Den Prozess wiederholen, bis 8 Arancini-Bällchen entstanden sind. Diese zur Seite stellen.

ZUTATEN

400 g gekochter weißer Rundkornreis, z. B. Arborio, nach Packungsanweisung zubereitet und abgekühlt

50 g geriebener Parmesan

¼ TL Salz

¼ TL frisch gemahlener schwarzer Pfeffer

3 Eier (Größe L)

60 g Mozzarella, in 8 Stücke geschnitten

120 g gewürztes Paniermehl (siehe Tipp im Anschluss)

Backtrennspray

250 ml Marinara-Soße (siehe Seite 43, Schritte 1–5)

4   Die beiden restlichen Eier in einer kleinen Schüssel aufschlagen. Das Paniermehl in eine flache Schüssel oder einen tiefen Teller geben. Jedes Arancino durch das Ei ziehen und dann im Paniermehl wälzen, überschüssiges Paniermehl abschütteln. Vorsichtig mit den Arancini umgehen. Sollte einmal eins auseinanderfallen, pressen Sie es einfach wieder zusammen.

5   Beide Backflächen des Waffeleisens mit Backtrennspray einsprühen. Auf jede Sektion des Waffeleisens ein Arancino geben, den Deckel schließen und so lange garen, bis die Arancini gut zusammenhalten, ca. 4 Minuten. (Es kann sein, dass etwas Käse austritt, wenn sie fertig sind.)

6   Während die Arancini garen, die Marinara-Soße für 45 Sekunden in der Mikrowelle oder in einem kleinen Topf bei geringer Hitze auf dem Herd erwärmen.

7   Die Arancini aus dem Waffeleisen nehmen und Schritte 5 und 6 mit den restlichen Arancini wiederholen. Die fertigen Arancini im Backofen warm halten.

8   Die Arancini mit der warmen Marinara-Soße anrichten.

TIPP

Um gewürztes Paniermehl herzustellen, nehmen Sie knapp 120 g Paniermehl und mischen es mit 2 EL italienischer Würzmischung oder alternativ mit je 1 TL getrockneter Petersilie, Knoblauchpulver, Zwiebelpulver, getrocknetem Oregano und Zucker.

Zwiebelringe

Belgisches Waffeleisen oder Standardwaffeleisen | 20 Minuten | Für 4 Portionen

Ich kann nicht behaupten, dass mir Zwiebelringe aus dem Waffeleisen schlaflose Nächte bereitet haben, sie waren aber durchaus Gegenstand einiger Tagträumereien.

HINWEIS:

In Belgischen Waffeleisen hat der Teig mehr Platz, deswegen werden die Zwiebelringe leichter und fluffiger.

Ich habe mich diesem Rezept zuerst wortgetreu genähert. Ich stellte mir vor, jeden Zwiebelring in Teig zu tunken und auf das Waffeleisen zu legen. Das erschien mir etwas mühsam. In die meisten Waffeleisen würden jeweils nur ein oder zwei Zwiebelringe passen. Ich musste also herausfinden, wie ich einen gigantisch großen Zwiebelring, bei dem jeder Bissen zum Teil zwiebelig und zum Teil knusprig sein sollte, in das Waffeleisen bekommen konnte. Wenn man den Teig ringförmig auf das Waffeleisen gießt, anstatt ihn einfach in die Mitte zu geben, bleibt man der ursprünglichen Idee des »Zwiebel-Rings« mit diesem Rezept treu.

Bei meinem ersten Versuch war der Teig viel zu dickflüssig. Das fertige Gericht wurde dadurch etwas schwer. Außerdem hatte ich kein Zwiebelpulver zum Teig gegeben, sodass die Teile, die nur aus gewaffeltem Teig bestanden und in denen keine Zwiebel war, ziemlich geschmacklos waren. Durch das Reduzieren des Mehls und die Zugabe von Maisstärke wurde der Teig herrlich leicht. Ich fügte außerdem Zwiebelpulver hinzu, sodass auch ein Bissen ohne Zwiebelstücke zwiebelig schmeckte.

ZUTATEN

180 g Mehl

60 g Maisstärke

1 EL Backpulver

2 TL Salz

2 TL Zucker

1 TL frisch gemahlener
    schwarzer Pfeffer

1 TL Zwiebelpulver

350 ml Bier (Pils)

60 ml geschmacksneutrales
    Öl, wie z. B. Rapsöl

1 große Zwiebel, in Stücke
    geschnitten, die nicht
    größer als 2,5 cm sind

Backtrennspray

HINWEIS:

Sie sollten für dieses
Rezept kein teures,
hocharomatisches Bier
wie Craftbier verwenden.
Günstiges Bier ist völlig
ausreichend. Wenn Sie
sich wegen des Alkohols
sorgen, können Sie auch
alkoholfreies Bier ver-
wenden.

1   Das Waffeleisen auf mittlere Temperatur vorheizen. Den Backofen auf niedrigster Stufe vorheizen.

2   Mehl, Stärke, Backpulver, Salz, Zucker, Pfeffer und Zwiebelpulver in einer großen Schüssel vermischen. Das Bier unterrühren. (Die Mischung wird schäumen.) Das Öl einrühren und die Zwiebelstücke unterheben.

3   Beide Backflächen des Waffeleisens mit Backtrennspray einsprühen. Ca. 60 ml des Teigs in Form eines großen Rings auf das Waffeleisen gießen, dabei darauf achten, dass der Teig sich beim Backen ausbreitet. Der Ring wird nicht perfekt werden, man kann mit einem Silikonspatel aber Teile des Teigs in Form schieben und dann den Deckel schließen.

4   4 Minuten backen oder so lange, bis der Ring gebräunt ist. Den Zwiebelring aus dem Waffeleisen nehmen.

5   Schritte 3 und 4 für die restlichen Zwiebelringe wiederholen. Fertige Zwiebelringe im Backofen warm halten.

6   Heiß servieren.

VARIANTEN

- Bestreuen Sie die Zwiebelringe mit scharfem Cheddar oder reichen Sie eine Käsesoße zum Dippen dazu.
- Geben Sie eine der folgenden Zutaten zu der Mehlmischung in Schritt 2 dazu:

- ½ TL Paprikapulver
- ¼ TL Senfpulver
- etwas frisch gemahlene Muskatnuss
- ½ TL getrockneter Thymian

Kapitel 5

Desserts

Gewaffelte Ananas
mit Chilipulver

Belgisches Waffeleisen oder Standardwaffeleisen | 15 Minuten | Für 4 Portionen

Reichen Sie zu den Ananas Hüttenkäse oder griechischen Joghurt – die perfekte Verschmelzung von Süße und Schärfe.

Gegrilltes Obst erinnert mich immer an den Sommer. Der natürliche Zucker im Obst karamellisiert ganz wunderbar, und es entsteht ein intensives Aroma. Aber leider kann nicht immer Sommer sein. Und man kann nicht immer grillen.

Warum sollte man Obst also nicht im Waffeleisen zubereiten?

In Mexiko ist Chilipulver auf Früchten sehr beliebt – ein klassisches Beispiel dafür ist Mango bestreut mit der roten Schärfe. Die leichte Rauchigkeit des Chilipulvers nimmt ein wenig von der Süße der Frucht.

Man bekommt das ganze Jahr über frische Ananas, aber der Preis kann sehr unterschiedlich sein, und Ananas in Dosen sind einfach praktischer. Ich habe daher beide Varianten getestet, hier sind die Pro und Kontra-Argumente.

Frische Ananas machen mehr Arbeit. Aber sie liefern auch ein höherwertiges Ergebnis, vor allem wenn Sie bei jedem Bissen etwas mehr Knackigkeit mögen.

Bei Dosenananas sparen Sie Zeit und Arbeit. Die Ananas wurde, bevor sie in die Dose kam, schon einmal erhitzt, deswegen wird sie im Waffeleisen quasi ein zweites Mal gegart. Das Ergebnis ist daher eine etwas weichere Ananas. Da aber auch die frische Ananas im Waffeleisen deutlich weicher als vorher wird, ist das Ergebnis gar nicht so unterschiedlich.

Eines sollten Sie bedenken: In der Mitte der Ananas befindet sich ein faseriger, hölzerner Strunk. Bei der Dosenvariante wurde dieser praktischerweise bereits entfernt. Und bei der frischen? Lohnt es sich, ihn herauszutrennen? Sie können das machen, wenn Sie möchten. Praktischerweise wird aber auch dieser Teil einer frischen Ananas beim Garen im Waffeleisen um einiges weicher. Deswegen lohnt sich der Aufwand, ihn zu entfernen, eigentlich kaum.

ZUTATEN

Backtrennspray

1 ganze Ananas oder 1 Dose Ananas

Chilipulver

HINWEIS:

Wenn Sie eine frische Ananas verwenden, hängt die Anzahl der Portionen von der Größe der Ananas ab.

1 Das Waffeleisen auf mittlere Temperatur vorheizen. Beide Backflächen des Waffeleisens mit Backtrennspray einsprühen.

2 Frische Ananas: Die Ananas auf die Seite legen und die Krone und den Boden abschneiden, um zwei flache Enden zu erhalten. Die Ananas dann aufrecht hinstellen und die Schale abschneiden, dabei mit einem scharfen Messer von oben nach unten arbeiten. Wenn etwas Schale überbleibt, diese mit einem Löffel entfernen. Die Ananas in gleichmäßige Scheiben von je 1,5 cm schneiden. Wenn die Scheiben dicker werden, kann es sein, dass das Waffeleisen nicht vollständig auf der Frucht aufliegen kann.

Dosenananas: Die Dose öffnen und den Saft abgießen. Die Ananasscheiben auf einen Teller mit Küchenpapier legen und trockentupfen. Es sollte so wenig Saft wie möglich zurückbleiben, weil dieser im Waffeleisen verbrennen kann.

3 Die Ananasscheiben auf das Waffeleisen legen und den Deckel schließen. Frische Ananas ca. 4 Minuten garen, dann prüfen. Dosenananas ca. 1 Minute garen und dann prüfen. Sobald die Ananas goldbraune Waffelmarkierungen zeigt, aus dem Waffeleisen nehmen und auf einer Platte anrichten.

4 Die Ananas mit Chilipulver bestreuen und servieren.

VARIANTEN

• Bestreuen Sie die Ananas anstelle von Chilipulver mit geriebenem Ingwer.

• Lassen Sie das Chilipulver weg und geben Sie zerkleinerte Macadamia-Nüsse über die Ananas.

Haferflocken-Schoko-Waffelcookies

Belgisches Waffeleisen oder Standardwaffeleisen | 45 Minuten | Für ca. 20 Cookies

Die Möglichkeit, das Waffeleisen mit sich herumzutragen, ist sehr praktisch, denn dadurch können Sie überall, wo es eine funktionierende Steckdose gibt, warme Cookies backen.

Ihr Gehirn liest Waffel, Ihre Geschmacksknospen schmecken Cookies. Und beide haben Recht.

Wenn Sie normale Schokotröpfchen oder Chocolate Chips zur Hand haben, lassen Sie sich nicht davon abhalten, diese Cookies zu backen. Falls Sie beim Einkaufen Mini-Schokotröpfchen finden, sollten Sie diese verwenden.

Ich habe das Rezept mit normalen Schokotröpfchen getestet, und es hat fast immer funktioniert. Manchmal haben aber ein paar der Schokostücke aus dem Teig gelugt und sind in direkten Kontakt mit der Hitze des Waffeleisens gekommen. Die Cookies hatten außen dann dunkle Streifen leicht verbrannter Schokolade. Sie waren sehr lecker, aber nicht ganz so hübsch wie diejenigen mit den Mini-Schokotröpfchen und auch nicht ganz so fest.

Machen Sie die Cookies nicht zu groß. Sie müssen ja aus dem Waffeleisen genommen werden, wenn sie noch ein bisschen weich sind. Wenn Sie mehr als einen gehäuften Esslöffel Teig dafür nehmen, werden Sie wahrscheinlich etwas unhandliche Cookies erhalten, die leicht auseinanderbrechen, wenn Sie sie aus dem Waffeleisen heben.

Natürlich ist das eine perfekte Ausrede, um die gebrochenen Cookies selbst zu essen. Aber Sie möchten ja nicht, dass alle brechen. Oder?

1 Das Waffeleisen auf mittlere Temperatur vorheizen.

2 Die Butter mit dem Melassezucker in einer großen Schüssel mit einem Handmixer verrühren, bis eine weiche Masse entsteht.

3 Die Eier und den Vanilleextrakt zugeben und weiter rühren, bis alles gut verbunden ist.

4 Mehl, Natron und Salz in einer mittelgroßen Schüssel mischen. Die trockenen Zutaten zu den feuchten Zutaten geben und so lange mixen, bis das Mehl weitgehend verarbeitet ist.

5 Haferflocken und Schokotröpfchen unterheben und durchrühren.

6 Beide Backflächen des Waffeleisens mit Backtrennspray einsprühen.

7 Einen gehäuften Esslöffel Teig auf jede Sektion des Waffeleisens geben, dabei den Cookies ausreichend Platz lassen, da sie sich vergrößern. Den Deckel schließen und so lange backen, bis die Cookies beginnen, fest und braun zu werden. Das dauert nur ca. 2–3 Minuten, abhängig von der Hitze des Waffeleisens. Die Cookies sollten noch ein bisschen weich sein, wenn sie aus dem Waffeleisen geholt werden, sie werden beim Abkühlen fest.

8 Die Cookies zum Auskühlen auf ein Kuchengitter legen.

9 Schritte 6–8 mit dem restlichen Teig wiederholen, bis alle Cookies gebacken sind.

ZUTATEN

115 g weiche Butter

115 g Melassezucker

2 Eier (Größe L)

1 TL reiner Vanilleextrakt

60 g Mehl

½ TL Natron

¼ TL Salz

75 g Haferflocken

120 g Mini-Schokotröpfchen, zartbitter

Backtrennspray

HINWEIS:

Sie können anstatt des Weizenmehls auch die gleiche Menge Weizenvollkornmehl verwenden. Es kann sein, dass die Cookies dann schneller fertig sind, behalten Sie sie daher im Auge.

TIPPS

• Um das Backen zu beschleunigen, portionieren Sie die Teigmenge vor und legen diese an einer Innenseite der Schüssel ab. Wenn die ersten Cookies fertig sind, besprühen Sie das Waffeleisen noch einmal mit Backtrennspray und geben die vorgefertigten Teigportionen ins Waffeleisen zum Backen.

• Cookie-Teig lässt sich gut einfrieren: Formen Sie den Teig zu Kugeln, legen Sie diese auf ein Backblech und frieren sie ein. Wenn sie durchgefroren sind, geben Sie die Teigkugeln in einen wiederverschließbaren Gefrierbeutel und zurück in die Kühlung. Sie können den gefrorenen Teig direkt ins Waffeleisen geben, lassen Sie die Cookies dann einfach eine Minute länger backen.

Rote Waffel-sandwiches mit Eis

Belgisches Waffeleisen oder Standardwaffeleisen	2 Stunden inkl. 1 Stunde für das Gefrieren der Sandwiches	Für 8 Sandwiches

Es war echt eine Herausforderung, dieses Rezept auszuprobieren: Ich kann Ihnen gar nicht sagen, wie viele »Fehlversuche« ich essen musste.

Dieses Gericht sieht fantastisch aus und schmeckt super – und das ohne viel Aufwand.

Ich würde mir selbst auf die Schultern klopfen für all die Durchläufe, die ich durchgeführt habe, bis dieses Rezept perfekt war, aber seien wir ehrlich: Ich habe eigentlich nur ziemlich viele Eiscreme-Sandwiches gegessen. Und das war jetzt wirklich nicht schwer.

Ein typisches Eiscreme-Sandwich besteht aus einem leicht zerbrechlichen Keks oben und unten. Deswegen zahlt es sich aus, das Eis antauen zu lassen, es in die Form des Kekses zu schneiden, das Sandwich aus Keks und Eis zusammenzubauen und einzufrieren. Wenn Sie das Sandwich waffeln, brauchen Sie sich darum keine Gedanken zu machen. Die Waffelkekse sind zur Bearbeitung mit einem Spatel stabil genug. Streichen Sie das angetaute Eis einfach auf die Waffel.

Vanilleeis auf der roten Waffel ist ein absoluter Hit. Sie können natürlich auch andere Eissorten ausprobieren, wie Sie in den Variationen zu diesem Rezept nachlesen können.

ZUTATEN

200 g Mehl

30 g Kakaopulver, ungesüßt

1 TL Natron

1 TL Salz

250 ml Rapsöl

225 g Kristallzucker

1 Ei (Größe L)

3 EL rote Lebensmittelfarbe

1 TL reiner Vanilleextrakt

1½ TL weißer destillierter Essig

125 ml Buttermilch

Backtrennspray

1,5 l Vanilleeis

320 g Mini-Schoko-tröpfchen, zartbitter

HINWEIS:

Teures und günstiges Eis unterscheidet sich u. a. in der Menge an Luft, die dem Eis beige-mischt wird. Das spielt durchaus eine Rolle bei der Zubereitung dieser Sandwiches, denn das günstigere Eis ist in der Regel fluffiger, wird schneller weich und lässt sich einfacher auf das Sandwich streichen.

1 Das Waffeleisen auf mittlere Temperatur vorheizen.

2 Mehl, Kakao, Natron und Salz in einer mittelgroßen Schüssel vermischen und zur Seite stellen.

3 Öl und Zucker in der Küchenmaschine oder in einer großen Schüssel mit einem Handmixer bei mittlerer Stufe rühren, bis beides gut verbun-den ist. Das Ei unterrühren. Den Mixer auf unterste Stufe stellen und die Lebensmittel-farbe und den Vanilleextrakt nach und nach hinzufügen.

4 Den Essig mit der Butter-milch verrühren. Die Hälfte dieser Mischung in die Schüssel mit Öl, Zucker und Ei geben und verrühren. Die Hälfte der Mehlmischung hinzufügen. Vor-sichtig unterheben und dabei bis zum Boden der Schüssel gehen, bis kein Mehl mehr unvermischt ist. Den Rest der Buttermilchmixtur beigeben und verrühren, dann die rest-liche Mehlmischung hinzufügen. Noch einmal durchrühren, bis keine unvermischten Zutaten mehr vorhanden sind.

5 Beide Backflächen des Waffeleisens mit Back-trennspray einsprühen. So viel Teig auf das Waffeleisen geben, dass die Backfläche bedeckt ist, den Deckel schließen und so lange backen, bis die Waffeln fest genug sind, um aus dem Waffeleisen genommen zu werden, ca. 4 Minuten.

6 Die Waffeln auf einem Kuchengitter etwas auskühlen lassen. Die Waffeln mit einer Küchenschere oder einem scharfen Messer teilen (in Rechtecke, keilförmige Stücke oder Herzen, je nach Form des Waffeleisens). Wiederholen, bis 16 Teile vorhanden sind.

7 Während die Waffel-teile auskühlen, das Eis zum Auftauen herausstellen und ca. 10 Minuten antauen lassen.

8 Wenn das Eis weich ist, die Hälfte der Waffelteile bereit-legen und mit einem Spatel ca. 2,5 cm Eis auf jedes Teil streichen. Auf jedes mit Eis bestrichene Teil einen Deckel setzen, sodass 8 Sandwiches entstehen. Überstehendes Eis an den Rändern mit einem Plas-tikschaber abschaben, damit die Ränder sauber aussehen. Die Schokotröpfchen in eine flache Schüssel geben und die Seiten der Sandwiches hineintunken.

9 Jedes Sandwich eng mit Frischhaltefolie umwickeln, in einen wiederverschließbaren Gefrierbeutel geben und diesen zum Aushärten für mindestens 1 Stunde ins Gefrierfach legen. Vor dem Servieren jedes Sandwich ein paar Minuten ruhen lassen, damit es ein wenig weich wird.

VARIANTEN

- Verwenden Sie Cookies-&-Cream-Eis als Füllung und tunken Sie die Ränder in zerbröselte Schokoladen-Doppelkekse.

- Nehmen Sie Schokoladeneis und tauchen Sie die Ränder statt in Schokotröpfchen in zerstoßene Erdnüsse.

TIPPS

- Wenn Sie mit einem Belgischen Waffeleisen arbeiten, können Sie diese auskühlen lassen und dann jeweils halbieren, sodass eine Waffel als Boden und Deckel für ein Sandwich ausreicht.

- Mit den Haferflocken-Schoko-Waffelcookies (Seite 107) lassen sich auch sehr leckere Eis-Sandwiches herstellen.

Wapfelkuchen

Belgisches Waffeleisen | 1 Stunde | Für 4 Pies

Das uramerikanische Dessert mutet in dieser Variante wie ein französisches Gebäckstück an.

HINWEIS:
Bei Standardwaffeleisen wird die Waffel nicht dick genug, um als Deckel und Boden für den Kuchen zu dienen; der Tipp auf Seite 117 zeigt Ihnen dazu eine gute Alternative.

Für dieses Rezept brauchte ich etwas, in das ich die Apple-Pie-Füllung geben konnte. Ich wollte oben und unten eine Kruste, die aber nicht erdrückend sein sollte.

Für Eclairs – dieses leichte Gebäck, das mit Sahne oder Schokocreme gefüllt wird – verwendet man üblicherweise Brandteig. Wenn dieser Teig mit Hitze in Berührung kommt, bläst er sich auf, und es entstehen mit Luft gefüllte Hohlräume. Das passiert zumindest, wenn man ihn im Backofen backt. Aber was passiert, wenn man ihn im Waffeleisen zubereitet?

Meg Galus, Konditormeisterin aus Chicago, ermutigte mich, es zu versuchen. Allzu viel Überzeugungsarbeit war bei mir ohnehin nicht nötig.

Ich habe zuerst die Füllung hergestellt. Ich nehme dafür am liebsten säuerliche Äpfel mit nur einem Hauch von Süße. Wenn Sie die Füllung süßer mögen, fügen Sie einfach einen Esslöffel Zucker mehr hinzu.

Dann widmete ich mich der Kruste.

Der Brandteig bläst sich im Waffeleisen tatsächlich auf und bildet einige Lufttaschen. Wenn man den gewaffelten Teig aufschneidet, erhält man ausreichend Platz für die Füllung.

Mit ein bisschen Zimt bestreuen, ein wenig Schlagsahne oder Eis, und schon ist alles fertig.

ZUTATEN

Für die Füllung:

3 Äpfel, mittelgroß, säuerliche Äpfel wie Boskop, Elstar oder Cox Orange

2 EL Zucker

1 EL Butter

1 EL Mehl

1 TL Zitronensaft

¼ TL Zimt

1 Prise gemahlene Muskatnuss

1 Prise Salz

Für den Teig:

125 ml Wasser

4 EL Butter

¼ TL Salz

2 EL Zucker

60 g Mehl

2 Eier (Größe L)

Backtrennspray

Zimt zum Bestreuen

Schlagsahne oder Vanilleeis zum Anrichten

1 Für die Füllung: Äpfel schälen und entkernen und in ca. 1 cm große Würfel schneiden.

2 Die Äpfel mit den restlichen Zutaten für die Füllung in einen mittelgroßen Topf geben und mit einem Deckel abdecken. Bei mittlerer Hitze kochen, dabei gelegentlich umrühren. Die Hitze reduzieren, falls die Äpfel beginnen anzubrennen. So lange kochen, bis die Äpfel weich sind, ca. 10 Minuten. (Wenn die Äpfel nicht weich zu werden beginnen, 1 TL Wasser hinzufügen und weiterkochen, nach 5 Minuten prüfen und wenn nötig mit einem weiteren TL Wasser nochmals 5 Minuten kochen.)

3 Äpfel abschmecken und eventuell nachwürzen. Bei süßen Äpfeln ggf. mehr Zitronensaft und bei säuerlichen Äpfeln vielleicht etwas mehr Zucker hinzugeben. Zur Seite stellen.

4 Für den Teig: Wasser, Butter, Salz und Zucker in einem kleinen Topf bei hoher Temperatur zum Kochen bringen.

5 Wenn die Butter geschmolzen ist und sich Zucker und Salz aufgelöst haben, die Hitze auf mittlere Temperatur reduzieren, das Mehl hinzufügen und kräftig rühren. Der Teig ist schnell fertig, weil das Mehl das Wasser schnell aufnimmt. Bei mittlerer Hitze eine weitere Minute rühren.

6 Den Topf vom Herd nehmen und die Mischung 5 Minuten stehen lassen. Wenn sie leicht abgekühlt ist, die Eier nacheinander hinzufügen und jeweils gut unter den Teig rühren. Der Teig wird ziemlich fest sein und ein wenig wie Buttercreme aussehen.

7 Das Waffeleisen auf mittlere Temperatur vorheizen. Beide Backflächen des Waffeleisens mit Backtrennspray einsprühen.

8 Ca. 60 ml des Teigs auf eine Sektion des Waffeleisens geben und den Deckel schließen. So lange backen, bis er gut gebräunt ist, ca. 5–10 Minuten. Bei einem Waffeleisen, das sehr dicke Waffeln ergibt, eventuell den Teig anstechen, um zu prüfen, ob er gar ist. (Das ist in Ordnung, da er ohnehin für die Füllung durchgeschnitten wird.) Mit dem restlichen Teig wiederholen.

9 Eine Tasche für die Füllung mit einem scharfen Messer in die Waffel schneiden, dabei von einem Ende der Waffel bis fast ans andere Ende der Waffel schneiden, aber nicht komplett durchschneiden. (Es soll ein Stück zum Aufklappen übrig bleiben.)

10 Ca. 60 ml der Füllung in die Tasche geben.

11 Zum Anrichten wenn gewünscht mit Zimt bestreuen und Schlagsahne oder Vanilleeis daraufgeben.

TIPPS

- Haben Sie es eilig? Kaufen Sie stückiges Apfelkompott im Supermarkt und verfeinern Sie es nach Geschmack, oder bereiten Sie die Füllung in größeren Mengen zu und kochen Sie sie ein.

- Mögen Sie Apple Pie mit Cheddar? Streuen Sie einfach etwas geriebenen Cheddar auf die Waffel, ganz kurz bevor sie fertig gebacken ist. Der Käse ist in 15–30 Sekunden geschmolzen.

- Möchten Sie eine dünnere Variante? Oder arbeiten Sie mit einem Standardwaffeleisen? Lassen Sie den Teil weg, wo eine Tasche in die Waffel geschnitten wird, und geben Sie die Füllung einfach auf die Waffel.

Danksagung

Dieses Buch ist zum Teil entstanden, indem ich alleine mit einem oder drei Waffeleisen in der Küche gewerkelt habe. Wenn ich aber nur so gearbeitet hätte, wäre ich wahrscheinlich durchgedreht. Deswegen bin ich dankbar, dass es Menschen gab, die zu diesem Buch beigetragen haben. Mein Dank gilt vor allem den Köchen, die in diesem Buch namentlich genannt werden. Danke, dass ihr eure Küchen für mich geöffnet, euch auf meine verrückten Ideen eingelassen und sogar selbst welche beigesteuert habt. Mein Dank geht auch an die Leser von Waffleizer und meinen früheren Blogs, die diese Idee vorangetrieben haben, bevor aus einem Internetprojekt ein gedrucktes Buch wurde. Vielen Dank vor allem an diejenigen, die sich bei mir gemeldet haben, für eure netten Worte und die Rückmeldungen zu den Rezepten. (Manchmal haben sich diese beiden Dinge sogar überschnitten!) Danke an meine Lektorin Megan Nicolay; an Liz Davis und das restliche Team von Workman; an Michael Maes und sein Fotostudio und an meine Agentin Stacey Glick. Ein herzliches Dankeschön richtet sich an meine Mutter für ihr umfangreiches und wertvolles Feedback; an Bryan Kelly für seine unermüdliche Geduld und beinahe endlose Bereitschaft, gewaffelte Gerichte zu probieren; an Kathy Skutecki fürs Brainstorming und Testen; an Melanie Rheinecker für ihr wachsames Auge und ihren klugen Rat und an Nicholas Day und Peter Klein für ihre Unterstützung und ihre Ermutigung. Ich kann mir nicht vorstellen, dass ich das jemals ohne euch geschafft hätte. Glücklicherweise musste ich das auch nicht.

Über den Autor

Daniel Shumski ist Autor und Redakteur. Er hat sich bereits für die *Washington Post* auf die Suche nach den besten Ramen-Nudeln in Tokio gemacht und für die *Los Angeles Times* Eiscreme in Buenos Aires getestet. Neben Tätigkeiten für die *Chicago Sun-Times* und die *Chicago Tribune* hat er auf einer Obstplantage für alte Apfelsorten im Mittleren Westen der USA gearbeitet. Er lebt in Montreal, wo er an seinen Französischkenntnissen arbeitet.

Register

V

T

W